—我们所有的努力，都在和遗忘对抗—

时代纪录
www.TimeDoc.tv

时代纪录

3

TIMEDOC

洪海 编著

中国出版集团 东方出版中心

图书在版编目（CIP）数据

时代纪录.3,12位时代人物的特写 / 洪海编著. 一
上海：东方出版中心，2023.11
ISBN 978-7-5473-2289-5

Ⅰ.①时… Ⅱ.①洪… Ⅲ.①名人－传记－中国－现
代 Ⅳ.①K820.7

中国国家版本馆CIP数据核字（2023）第204682号

时代纪录3——12位时代人物的特写

图书策划　深圳市时代纪录影视有限公司
编　　著　洪　海
特约策划　施宏俊
设计指导　肖晋兴
执行编辑　林书贤
特约编辑　杨紫琳　陈佩伲　李原霆　徐宗岳
助理编辑　龚新雅　刘晋廷
档　　案　邱淼
策划统筹　刘佩英
责任编辑　李　琳　韦晨晔
装帧设计　钟　颖

出 版 人　陈义望
出版发行　东方出版中心
地　　址　上海市仙霞路345号
邮政编码　200336
电　　话　021-62417400
印 刷 者　上海盛通时代印刷有限公司

开　　本　710mm×1000mm　1/16
印　　张　16.25
插　　页　2
字　　数　136千字
版　　次　2023年12月第1版
印　　次　2023年12月第1次印刷
定　　价　88.00元

我们所有的努力，都在和遗忘对抗
——《时代纪录 3》·引言

所谓时代精神，大抵就是这个时代中代表人物的精神。

我们希望可以找到这些人物，呈现他们的精神，给这个时代留下一点记录。

这些人物，每个人身上都有向上、向善的力量。每个人，都在努力地向这个世界发出一束微光。这些微光汇聚在一起，可以在那些漆黑的夜里，为人们照亮一段前行的路。

虽然黑格尔曾说"人类从历史中学到的唯一教训，就是没有从历史中吸取任何教训"，但是，历史除了教训以外，还有值得学习和传承的经验。

遗忘是天性，我们没有奢望改变。

但是，

如果记忆能蓄积文明的力量，

那么，

遗忘就值得对抗。

　　《时代纪录》是一本杂志书 [MOOK (Magazine & Book)]，也是一部纸上纪录片。我们用图片、文字、视频结合的形式讲述故事。

　　关键少数在推动历史的进程中起到重要作用。

　　我们在科学、商业、艺术、人文领域，寻找这些关键少数，对这些人物进行了多年的跟踪记录，其中部分人物的跟踪已经跨越了二十年，时间是最好的作者，会给出那些未知的答案和结局。

　　我们重视每个人物内在的生命线，在冗长的个人生命史中挑选出闪耀着光芒的"珍珠"。这些珍珠经历了漫长的酝酿，凝结成了某次事件、某个瞬间、某种感悟，把这些珍珠用生命线串联起来，就成了每个人独一无二的珍珠项链。

　　《时代纪录》小心翼翼地收集这些项链，试图提供一个展陈的空间，让前来观看的人可以和更好的自己对望，让光与光相见。

　　时过经年，再回首，
　　终会发现，
　　这项链价值连城。

洪　海

2023 年 10 月 17 日

于深圳·十七英里

查理·芒格

王传福

方　陆

韩家寰

王瑜霄

李榕南

张　璐

韩璧丞

丛 乐

郑永年

艾 诚

晓 昱

查理·芒格

投资家，沃伦·巴菲特的黄金搭档，伯克希尔·哈撒韦公司的副主席。

终身学习的
践行者

交得其道，千里同好

两个人加在一起，快超过 200 岁了。

芒格 99 岁，巴菲特 92 岁，能有一个合作超过半个世纪的搭档是多么幸运的一件事。2023 年伯克希尔·哈撒韦公司股东大会上，二老之间的默契、智慧、幽默，为现场的股东们呈上一场精神上的饕餮盛宴。

从早上 9 点到下午 3 点半，二老几乎不间断地回答现场提出的问题，中场没有任何暂停休息，他们思路清晰、逻辑严谨、表述流畅。原来智慧真的可以穿越时间，让年龄成为数字。

"（这个领域里）没有任何人的成就可以和他们相比，这是我所知道的最伟大的搭档，明年芒格 100 岁的时候，沃伦应该为他准备一场盛大的派对。"股东大会现场附近的 Uber（优步）司机说。

"那你就习惯少挣点儿吧。"芒格轻描淡写地说。他认为价值投资者需要面对未来收益减少的常态。99 岁的芒格，和所有媒体上呈现的百岁老人几乎都不一样，他脸上的皮肤依旧平整光滑，甚至没有什么太深的皱纹。与他格外亲近的人说，芒格的年龄似乎在 95 岁的时候就停止增长了，在这之后他就没有再变老过。

在伯克希尔·哈撒韦公司股东大会上，巴菲特透露了一组数据，伯克希尔 2023 年购买了 30 亿美元的美国国库券，收益率为 5.9%。"经济上令人难以置信的（飙升）时期正在结束，预计未来大多数业务收益可能会走低。"

但是市场的机会依然会存在，尤其是当别人做傻事的时候。"在我们经营伯克希尔的 58 年里，我可以说，做傻事的人越来越多了，而且他们都是在做大傻事。他们这么做的原因，在某种程度上是他们比我们刚开始时更容易获得资金。"巴菲特说。

美国硅谷银行的爆雷，是极为重大的金融事件。所以股东会上，银行业自然是个逃不过去的话题。

下午一开场，巴菲特就主动说，基于银行业现在的情况，

← 2023 年 5 月，查理·芒格在洛杉矶家中与来自中国的客人们会面。

3

他们准备了两个名牌，正说着，他把放在自己和芒格眼前的两个名牌翻转过来，露出上面的字样。自己这一边的名牌上写着"Available for Sale"（可供出售），芒格那一边的名牌写着"Held to Maturity"（持有至到期）。

巴菲特打趣地说，"这两个银行业流行的术语也可以用来形容我们"。从某种角度上来说，这两个术语确实也是他们投资风格上的一个写照。巴菲特给人感觉相对雷厉风行，比他大七岁的芒格总是那个更为沉稳的人。但不管怎么样，在半个多世纪的投资生涯里，"我不记得我们的投资，受到过任何情绪的影响"，巴菲特说。

巴菲特一开始打趣称自己不懂 AI，然后正儿八经地表示，他不认为 AI 可以取代人类的基因。他提到比尔·盖茨曾给他展示

↖ 2023 年 5 月 6 日，奥马哈的伯克希尔·哈撒韦公司股东大会上，沃伦·巴菲特与查理·芒格在主席台上回答股东提问。

→ 2023 年 5 月 6 日，奥马哈的伯克希尔·哈撒韦公司股东大会上，一位股东粉丝举着一块巴菲特的头像牌子。

过最新的 AI 技术，当时盖茨特别告诉他 AI 还不能讲笑话。

巴菲特同样意识到这场革命本身已不可逆，而当一个东西无所不能，这正是值得担忧的地方，"毕竟人们不能在创造 AI 后，又把一切恢复到最初的状态（uninvent）。就像爱因斯坦当年评价原子弹，人们曾经为了良好的初衷发明了原子弹，但这对后面两百年的世界有好处吗？"

"人类过于短视，容易陷入短期炒作和投机。"坐在一旁的芒格冷冷地补充道。

有股东略带挑衅地问巴菲特和芒格，在马斯克取得了 Tesla、SpaceX 这么多的成就之后，他们是否还会坚持认为马斯克高估

了自己？

"我还是觉得他高估了自己，只不过他确实很有天分。"查理 · 芒格说。

"他喜欢挑战不确定，我们喜欢选择确定的事。"巴菲特补充说。

从早上到下午的股东大会期间，芒格和巴菲特都会不时地拿起眼前的喜诗花生糖吃上两口，然后喝几口可乐。两位长者都没有什么日常健身的习惯，也很少运动，他们绝大部分的时间就是用于阅读以及小范围的面对面沟通。看着两人健康的状态，人们忽然更加理解大脑虽然只占体重的 2%，但是可以消耗全身 20% 左右的热量。

生有涯，学无边

走进查理 · 芒格先生在洛杉矶的家，几位从中国来的朋友面面相觑，多少感到有些意外。

查理 · 芒格家的房子和花园都不大，很多家具和设施一看就经历了不少岁月的磨砺。在花园用餐的时候，也没有保姆或者佣人前后忙碌，只有查理 · 芒格的第三个儿子与太太一起在厨房帮着张罗了一下。

查理 · 芒格格外欣赏的投资人李录先生告诉大家，这所房子是芒格先生在 60 年前自己亲自设计建造的，他所有的孩子都在这座房子里长大。60 年前，芒格当然远没有今天这么富有，但是这么多年过去了，他并没有因为自己更加富有而更换住所。

"Good enough！"（足够好了！）听到李录的表述，查理 · 芒格放下手中零度可乐加冰的杯子，插了一句。

这句话让大家开怀，李录也忍俊不禁："你们看，他就是这样一个人，他觉得这里的一切都足够好了，从来不觉得有必要改变。这是关于芒格的又一个完美的例子（控制自己的欲望），他确实是我们的榜样。"

↑ 2023 年 5 月，99 岁的查理 · 芒格在洛杉矶家中饮用常喝的冰可乐，桌面上摆放着"芒格书院"给他出版的新书《芒格之道》。（上页图）

"很多芒格的追随者也好奇，为什么查理·芒格这么长寿、这么幸福，家庭为什么这么和谐兴旺？他们也想取取经。"同行的芒格书院创始人施宏俊开始提问。

　　5月的洛杉矶气候宜人，微风掠过，阳光透过婆娑的树叶，在墙上留下摇曳的影子，查理·芒格喝了口冰可乐，娓娓道来："道德很重要，不要做傲慢的人，多学点儒家思想。要想获得幸福的人生，我想有两点。首先，你要有幸福的家庭生活，和你爱的人、孩子、父母、祖父母住在一起，这是必不可少的。另一个很好的教训是，我认为你应该试着通过出售对别人真正有用的东西来让自己变得更富有。你卖的东西必须对顾客真的有好处，换成你是顾客，你也会买的那种东西。不要推销对他们有害的东西来挣钱，像赌博、烟甚至毒品等。如果你卖的东西对人有益，不

↓ 2023年5月，查理·芒格聆听他人发言。

仅于德行有益，你的生意也会更好——甚至境况不佳时，人们还是会需要你提供的东西。如果你卖的是一堆像加密货币的东西，你会让人失去他所有的钱，然后染上烟瘾或者其他什么，最终自己可能也无以为继。"轻松的语调，生动的表情，依旧丰润的皮肤，恍惚间，你很难相信这是在和一位百岁老人对话。

熟悉价值投资的中国朋友们谈起对芒格的印象，可能浮现的都是芒格在机场、餐厅、路边看报纸或看书的各种照片，芒格的孩子们说他是"行走的书架"。

芒格是一个终身学习的践行者。"终身学习很有趣，而且它对每个人都有帮助。李录和我现在都已经学会了如何做比我们年轻时更好的投资。"查理·芒格刚刚吃完午餐，聊起终身学习的话题。

那天的午餐是一份水煎鸡胸肉配沙拉，清淡可口。李录细心地用餐巾帮芒格擦去不小心滴在身上的沙拉汁，接下话题说道："我想起了我们关于交易的一次谈话。那是在金融危机爆发的前一两年，我告诉你 CDS〔credit default swap：信用违约互换〕是如何被错误定价的，购买所有金融机构为之疯狂的 CDS 将是可行的。是你说服我放弃了这么做，我仍然清楚地记得你的理由。你告诉我：'如果你是对的，你会赚很多钱，但是所有的钱都将由纳税人支付，而不会是机构——他们把钱都骗走了。'我认为你是正确的，所以我们最后没有这么做。其实仔细想想，这么做〔购买 CDS〕的整个逻辑就像是：一个人制造并贩卖毒品，但是因为卖掉了所有的毒品，没有任何库存，所以他就不算持有毒品。当人们真的准备逮捕他的时候，他会说：'你看，我身边什么都没有。'"

正聊着，厨师又上了一份餐后甜点，冰激凌加曲奇饼干，芒格胃口不错，不一会儿又吃了个精光。

在查理·芒格的畅销书《穷查理宝典》中，他提出了终生学习很重要的一个方式，就是需要建立多元思维模型。当被问及为什么以及如何建立多元思维模型时，芒格回答："人们学习的知

↑ 2023 年 5 月，查理·芒格手拿着刚吃了一半的曲奇饼干。

识只是局限在自己所在的领域之内，那是一个巨大的错误。我一直认为每个人需要知道的不仅仅是自己所学专业的基本思想，而且需要学习所有其他学科的主要思想。在深入思考一个主题的过程中，从两种不同的理念间找到关联，从而成为一个更广博、更聪明的人。学术界不一定教这些，因为他们划分小学科，让老师们通过越来越多地了解'细分'学科的知识来获得成功。老师们也同样以他们所理解的方式教导学生，这是一个错误。知道这一点之后，要做的其实很简单，就是去学习其他学科的主要思想，然后尝试把新知识与你已经拥有的知识相结合。终生学习就这两个步骤。"

李录在一旁补充道："第二步（把新知识与你已经拥有的知识相结合）往往不是那么容易。你必须要真的懂，才能够在另一个领域实践新的知识。所有的知识必须连贯一致，构成一个完整的系统。"停顿了一会儿，李录又说："我还喜欢你的另一个观点，你说的常识往往不是人们通常的'共识'，要获得常识，需要建立在多元思维模型上的普遍智慧。"

　　查理·芒格是孔子的拥趸。他信奉孔夫子的哲学，他对孔子的认识是，"虽然他生活在黑暗时代，没有机会接触科学，但他尽了最大的努力去学习和利用他那个时代的知识。他提倡终身学习，是一个非常聪明的人"。

　　芒格相信一个人如果坚持对儒家思想和科学的终身学习，那么一定会对人生产生非凡的积极影响。

　　芒格也相信，孔子所倡导的礼学思想会对这个世界很有帮助，"孔子讲礼，礼学会让人思考，教会人们转过头去，温故知新。当有人攻击你的时候，你会无意大动干戈，而是选择无视它。整个社会都会因为礼学变得更好。同样，孔子也喜欢社会秩序，社会秩序也有助于世界进步"。说到这儿，芒格还顺便举了个例子："我们（美国）的一些贫民窟条件恶劣，我们有帮

派，有枪支，还有很多犯罪，这些给大城市造成了伤害。中国做得比我们好。中国不会容忍这些情况，中国是对的，我们是错的。"

一旁的施宏俊先生追问道："在市场经济与科技很发达的今天，孔子的思想还能继续让我们成功吗？"

芒格回答得不容置疑："当然，礼学在现代社会是必不可少的。社会需要良好的礼仪才能顺利运作。此外还有孔子倡导的终身学习，选贤任能的制度——这让一个有才华的穷人可以受教育并脱颖而出。这些传统对每个人都有好处……你真的看到了整个中国发展得非常快。在整个世界历史上，除了中国，没有一个大国能发展得那么快。像新加坡这样的小国做到了，但没有大国如此。"

　　面对99岁的"人瑞"，施宏俊询问芒格先生："您希望未来的世界将是怎样的？"

　　芒格略作思考后回答："如果人们能够秉持合作的态度，那将是一条正确的道路。企业能够拥有正确的道德观念，出售对消费者有利的东西，而非不利之物。人们都可以懂得礼学，与其他的种族和谐相处。同时，世界上大部分地区进行着自由贸易。此外，每个人都可以花一部分时间和金钱来帮助那些不幸的人。如果所有这些事情都在发生，那么这就是一个和谐与美好的世界。"

忘年之契

　　虽然和查理·芒格已经有数十年的友情，但向大家介绍芒格的时候，李录在字里行间依然充满着敬意："只是通过纯粹的知识积累和讲究道德的行为，一个人仍然可以在商业上取得如此巨大的成功，查理·芒格就是一个深刻而且生动的例子。这种哲学可能不是那么主流，但对于很多有着士大夫理想的中国人来说，可能是最有吸引力的。"

作为价值投资和终身学习的践行者，李录与查理·芒格亦师亦友，数十年的相处，彼此早已默契相知、情同父子。查理·芒格曾经在书中提道："我的剑要留给擅于挥舞它的人。"在他眼里，李录就是那个人。李录所创建的喜马拉雅资本已经成为美国最为著名的价值投资基金之一。在多个投资交流场合，比如每日期刊的股东大会，李录往往是被芒格提到次数最多的人。他时常拿李录举例，告诉身边的人学习的重要性："记住，李录到美国的时候，一个英语单词都不会，他在一个煤矿工人家庭长大。他真的走了很长一段路，到如今，他成功了。所以你看，学习多么重要。"

李录的《文明、现代化、价值投资与中国》也是一本畅销书，某种意义上是《穷查理宝典》的扩写和补充。同时，李录先

← 查理·芒格和李录（右一）、施宏俊（左一）拿着"芒格书院"刚刚出版的新书《芒格之道》合影。

↓ 2023年5月，查理·芒格与李录先生（右）。

生的个人传奇经历也在书中得以体现。

芒格书院的学员魏宏图请中国篆刻家给查理·芒格准备了一方藏书印章，李录拿着印章给芒格解释："书法历来是中国艺术形式的一部分，制作个人的签章也是中国文人的一个重要传统，藏书章就是一种个人藏书的凭证。"说罢，在书纸上按下印章，方印上写着中文——"查理·芒格藏书"，篆刻得秀丽文雅。

临近会面的尾声，李录问："你有什么想对芒格书院学员说的吗？"

芒格说："从本质上讲，你必须更相信理性主义，更相信人类思维的合理运作，而不是其他任何东西。你应该致力于为每个问题找到正确的答案。就这么简单。你成了一个更有思想的人，就更有可能得到正确的答案，而不是错误的答案。这是每个人都应该努力做到的。在充分竞争的社会中，你也许会失败，但你也可能会像本杰明·富兰克林一样，没有限制地走得很远，取得很多的成就。人们都有机会可以借由努力脱颖而出，而不需要依附父母的关系来取得社会地位。"最后，他又谦虚地补充了一句："这些思想并不完全是我的原创，是我内化了它们。"

那个阳光和煦的下午，院子里格外宁静，几位友人屏气凝神地倾听，细细回味这用一个世纪长度的生命沉淀的智慧。

← 2023 年 5 月，李录给查理·芒格展示芒格书院的学员魏宏图准备的礼物——一枚藏书印章。

王传福

比亚迪股份有限公司创始人，董事长兼总裁。

技术创新
驾驭未来

"技术为王，创新为本"

日常生活中的王传福，常常戴着一副眼镜，穿着工作服，在比亚迪车间巡视，他说自己 70% 的时间都是留给技术，30% 留给管理。在深圳的比亚迪总部，一整面的专利墙展现着比亚迪"技术为王，创新为本"的发展理念。

采访当天，王传福开着他的全新比亚迪汉（千山翠限量版）来到现场，这是比亚迪的王朝系列之一，车前的"汉"字车标十分醒目。王朝系列，除了车型用秦、汉、唐、宋、元等中国朝代命名，对于汽车内的按键，王传福也坚持用汉字标识。"很多人说按钮要用洋文标识，车才好卖。但我们对中国的传统文化要自信。也可能是错的，我就这么走了，错了就错了。"

2022 年 4 月，比亚迪正式宣布自 3 月起停产燃油车，靠着新能源车的突飞猛进，比亚迪的发展迎来了新的春天。在 2022 年的中国汽车重庆论坛上，王传福作出了一个承诺："假如说电

动化的浪潮在中国加速的话，中国品牌只要抓住这个机会就能快速发展起来。我们也有责任、有义务承担起这么一个重任。"

他介绍了比亚迪近年来取得的两大颠覆技术，即刀片电池和DM-i超级混动两大颠覆技术。刀片电池的最大优势是散热面大，"我们有个试验叫针刺试验，就模拟电池短路，一针插进去，没有任何反应，温度在50摄氏度左右，非常安全"。即使外部或者内部短路，电池也不会引起爆炸起火，解决了市场最关注的安全痛点。而DM-i超级混动适应了新能源车的过渡阶段，比起纯电动，王传福说："插电混动要解决的是中国2/3无车家庭的购车问题，让家庭第一部新能源车可油可电。"

轨道上的城市

2016年10月13日，比亚迪历时5年、投资50亿元研发的跨座式单轨——"云轨"在深圳举行全球首发仪式，正式宣告

进军轨道交通领域。2021 年 4 月 16 日，全球首条无人驾驶"云巴"示范线在重庆璧山正式开通运行，实现了百亿元科研成果的产业化落地。

目前，比亚迪已经与国内外多个城市达成轨道交通战略合作，发展势头非常迅猛。云轨是中运量，云巴是小运量，代表中国品牌走出国门，有机会成为继公交电动化之后的又一张中国名片。

王传福介绍说，云巴是一个开创性的科技成果，具有小型化、轻量化、智能化等特点，还具备建设周期短、成本低、噪声低、乘坐景观佳、空气质量好等综合优势，能满足超特大城市城区交通接驳线及加密线、外围组团交通主干线、旅游景区观光线等需求，有利于缓解城市交通拥堵，"一定要建一个轨道上的城市，而不是车轮上的城市，才能彻底解决中国城市化可持续发展的问题"。

聊着聊着，天色已晚。王传福还是带我们参观了厂区的云轨、云巴。夜空下的云轨在厂区大门后划过一条悠长的弧线，安静的白色车厢缓缓驶入车站，上班和下班的人们在站台上交织着出入。在轨道下的路上站立的我们仰望着云轨，恍惚间，总想问句"今夕何年"。

王传福建设云轨、云巴的构想，源于一次在日本东京的见闻。"东京都市圈差不多有 2 000 万人，（和）我们北京是一样大的。但东京都市圈大概有 800 万轿车，比北京还多了 300 万辆。东京的道路其实很窄，高速公路也不多，但是人家东京不堵车，让我们印象非常深刻。"

经过调查研究，他们得出结论，东京是一个轨道上的城市，90% 的人日常出行依赖公共交通，这个结论给了王传福很大启发。

在社会需求、市场前景和企业技术的多重支持下，王传福对比亚迪轨道交通的未来发展抱有很高期待："中国的城镇化是全球最大规模的城镇化，此时发展轨道交通，对企业来说是商机，更是责任。这个规模要做到多大？我想是千亿级的，我们想再造一个比亚迪。"

↖ 2022 年 6 月，王传福在深圳比亚迪工厂云轨、云巴旁。

→ 2022 年 6 月，王传福在深圳比亚迪工厂云轨、云巴旁。

"战斗"状态

在比亚迪，和时间赛跑、分秒必争似乎是共识。平时会议、面谈的时间都以分钟计时，不刻意遵循整点，而是随时开始、随时结束。记得有一次接到比亚迪管理层约见会议的信息，时间精确得让人印象深刻："下午1：43见面，可以吗？"

采访王传福时，随行的工作人员也一直在一旁计时，几乎要算计到分秒，因为王传福时间表上的下一个行程已经在待命。

从电池行业的领头羊，到新能源汽车的引领者，比亚迪作出决策时似乎总是先人一步。谈及此，王传福说自己赶上了好时代。"比亚迪是运气好，当然，也是基于长期的坚持，正好赶上

↓ 2022年6月，王传福在深圳比亚迪工厂接受访谈。

了这个风口。比亚迪在电池、电机、电控、功率半导体包括 e 平台等，十几年的坚持，十几年的准备，终于迎来了一个市场的爆发期。"

而对于市场的激烈竞争，他总喜欢用两个字——"战斗"。这战斗的精神、战斗的态度，在 2020 年疫情期间，可谓发挥得淋漓尽致。在国内抗疫物资紧缺的情况下，王传福在 1 月底紧急决定打造一条口罩生产线，宣布"动用一切力量援产口罩"。大幕拉开，3 000 多名工程师，在王传福的带领下，只用了 3 天时间就画出了 400 多张设备图纸，7 天时间就完成了口罩机生产设备的研发制造。不过月余，比亚迪的口罩生产线就达到稳定日产 500 万只，成为全球最大量产口罩工厂，并在第一时间驰援了疫情重灾区。事后王传福回想说："当时不是出于一种商业的敏锐，就是（凭着）企业家的一份责任。"

"我首先是一个工程师，然后才是一个企业家"

2008 年，股神巴菲特对比亚迪的投资，使得这个品牌和王传福的名字逐渐进入大众视野。巴菲特的合伙人查理·芒格曾盛赞王传福为爱迪生和杰克·韦尔奇的混合体，而王传福对自己的评价却是："我首先是一个工程师，然后才是一个企业家。"

在多年的黄金搭档芒格的引荐下，巴菲特 2008 年投资了 2.3 亿美元，入股比亚迪。芒格非常看好比亚迪，曾和著名投资人李录先生一起购买了比亚迪旗下的基金，而李录独具慧眼，早在 2002 年就对初出茅庐的比亚迪进行了投资。芒格在劝说巴菲特时说："如果不投资比亚迪，你将错过一个亨利·福特，一个托马斯·爱迪生，一个比尔·盖茨。"巴菲特戏称他几乎是以被威胁的方式投资比亚迪的，但后来他也在美国 CNBC（美国消费者新闻与商业频道）上盛赞王传福是一个"amazing guy"（了不起的人），总能把自己的想法变成现实。一开始，他本来准备收购比亚迪 20% 的股份，不料却遭到了王传福的拒绝，后来经过协

商，双方达成了入股 10% 的协议。14 年过去了，巴菲特一股未出，如今比亚迪身价暴涨，巴菲特也凭着卓越的先见，赚了 32 倍。

谈及未来比亚迪的发展，王传福自信地表示："电动化是上半场，智能化是下半场。上半场正在进行，围绕上半场的产业链，比亚迪功率半导体和电池材料布局很深，相信在（未来）3 到 5 年里的战斗中能活下来。下半场芯片 +5G 核心技术一个不能少，我们已经做好了充分准备。"

在采访中，不论提到什么问题，王传福都对其中涉及的技术和数据信手拈来。他的一个员工曾感叹过他的记忆力："谈任何事情，他都能回忆起细节，给出细节性的指导。（他）开会不带记录的东西，然后还全都记得住。"

← 2022 年 6 月，王传福在深圳比亚迪工厂接受访谈。

方陆

宁夏中房集团董事长，2013 珠峰菜鸟队队员，阿拉善 SEE 塞上江南中心负责人。

利他而后利己

"西北王"的"三个一"

在攀登珠峰的人群里，方陆算得上是高大威猛的。他来自宁夏银川，于是队员们也打趣地给他起了个外号——西北王。方陆本人并不拒绝，也乐得大家用这个称呼喊他。

西北王似乎做什么事都很认真，凡事都习惯于三思而后行。可能是思考较多的缘故，他的语速好像总是比别人慢半拍。虽然语速有点慢，可是动作一点都不慢。2020 年菜鸟队在海拔 3 600 米的拉萨和海拔 4 200 米的定日县做了两次拉练，每次跑步 5—10 公里。方陆始终呼吸均匀，节奏稳定，一不留神跑了个菜鸟队

↑ 2022 年 6 月，方陆在宁夏中房西悦府。（上页图）

↓ 2020 年 12 月，方陆在苏州体育场。

→ 2020 年 10 月，方陆在珠峰观景台。

的最好成绩。

　　这些年，方陆把"建立自我，追求无我"当作座右铭。他说自己每天都有"三个一"要做，"每天读书一小时，每天运动一小时，每天写一段微博"。他的个人微博"中房方陆"如今已有十几万粉丝，他把每天一段微博看作与自我对话的窗口，"它让我更坦诚地面对自己，让我变成更好的自己"。

　　在曾经一起登珠峰的队友群里，方陆每天都汇报自己的锻炼结果，每天跑步 5 到 10 公里，风雨无阻。除了自己锻炼，他还号召家人和同事也一起运动打卡。在银川，他也学习万科的乐跑赛，举办了"城市健康乐跑"公益活动，推广健康的生活方式。

"以前自己很努力地去攀登自然界的高山，最终也到达了珠穆朗玛峰的 8 700 米。后来才发现，人生最难攀登的，其实是自己的生命这座山。将生命活得通透清澈，享有生命的美好，才会立于人生的高处。"（摘自方陆 2019 年的微博。）

"我永远都不走，守护您一生"

在银川，方陆的企业——宁夏中房集团，是当地成立时间最早、累计开发规模最大的房地产企业，已经有 41 年的历史了。在那个不少房地产企业还忙着挣快钱的时代里，他打出了一个让人费解的口号，"我永远都不走，守护您一生"。

说这句话是需要底气的。

作为宁夏本土最大房地产企业的创始掌门人，面对越来越激烈的市场竞争，他总是在想着自己的差异化定位和市场竞争优势到底是什么。大概也就是在五年前，他突然想明白了这个问题——自己的企业已经走过三十多年的历程，历史悠久的同时，还拥有着本区域最大的客户群体，大约有 30 万的业主。不得不说这句宣传语可能没有太多的文采，但是简单明确、清晰易懂、直击人心，在客户意识上和其他外来企业拉开了距离。

29 年前，中億基业作为宁夏中房的长子，走向独立，开始自立门户，专门负责房地产这一块儿的业务。本土扎根多年，中億基业给大家留下了一个"暖男"的印象，就如企业的口号，"我永远都不走，守护您一生"。谈到这句宣传语时，方陆说："我希望将来到了八九十岁，在这个城市遛弯的时候，看到我曾经做过的一个个建筑，一个个楼盘，我都能心安理得，别人能对我说一声好，这就是我追求的。"

四十多年下来，他的企业确实风格鲜明、独树一帜。房屋的品质过关，物业管理优良，员工相对稳定。不少住在中房楼盘的人都觉得和中房公司打交道放心，因为总是有不少几十年不变的老面孔代表着企业往来。难得的是，员工稳定的同时，企业还有

→ 2022 年 6 月，方陆在银川健康住宅项目里。

持续不断创新的能力。

谈及如何保持企业的创新能力，如何保持团队活力，方陆归功于他坚持了多年、取各家所长之后设立的股权激励机制。他觉得一个合理的合伙人股权激励机制是企业可持续发展的核心要素。但是这个要素得来不易，他也踩过不少坑。

其中让他最为头疼的是退出机制。

某种程度上来说，他觉得退出机制的设计是否合理，决定了整个合伙人机制能否成功。"退休的和快要退休的人，和在职的人相比，通常是很难同心同德的，因为退休的人往往希望落袋为安，不大愿意去冒风险。而在岗的人员需要持续保持创业的热情和意识，所以好的股权激励制度一定要有好的退出机制的设计。让站在第一线的人、在奋斗的人有机会持有最多的股权。对于股权一定要进行动态管理，在职和不在职员工的股权获取和保留一定要明确区分。其次就是不同的职务有不同的股权，可升可降。今天你的职务在这个层级上，你拥有这个股权。明天如果你的业绩降了，那么你的股权同步也要进行调整。"方陆说。

"退出机制其实就是市场上所说的金手铐机制。它本身是激励，但同时也是一种约束。我们现在设计的退出机制就是所有的持股人员在退休的时候可以对股票进行变现。如果没有跟企业一直走下去，中途离场，那我们只能稍微计算一下股价的溢价，想获得更多的财富积累只能是在这个人正常退休离开企业的时候。这就好像是一个杯子，你中途把杯子打碎了，说我拿一块走，这是不成立的，这个杯子你必须让它完整地保留下去，大家才能共同使用这个杯子。所以要让那些能够和企业一同奋斗到最后的人，在退休的时候得到充分的变现，实现充分的财富积累。这样的收益对个人和团队来说都更合理，整个企业的流动率也会降低。"

问及方陆的员工对他的评价，大多是赞美之词，他身边的员工喜欢用"慷慨""舍得"这样的词语形容他。确实，在他经营宁夏中房的日子里，通过"分权分利"造就了不少的千万甚至是亿万富翁，每年年终发奖金，他也喜欢自掏腰包广散钱财给员工与合作伙伴。

↑ 2022 年 6 月，方陆和宁夏中房核心骨干在影棚合影。

在总量并不算大的宁夏市场里，他这样的做法确实并不多见。

"最早我们做股权激励机制的时候，设计的股权特别分散，后来才发现这样不行。股权太分散了，群龙无首很难聚焦，很难决策。所以在设计股权激励机制的时候，一定要保留一个相对大股东，这样好凝聚共识，形成一个决策的声音。如果没有相对大股东，那么也要保留一票否决权。总而言之，这个团队里一定要有定海神针。"方陆说。

这晚聊着聊着不觉夜深了，沿着"萨尔斯堡"（即萨尔茨堡）小区的河边走了 4 公里多，不觉已经抵达酒店。但是方陆那日的

← 2020 年 12 月，方陆在青海西宁"萨尔斯堡"的河边。

锻炼目标是 5 公里，所以他坚持继续前行，走满 5 公里之后再掉头返回酒店。

萨尔斯堡是奥地利历史最悠久的城市，曾经诞生过莫扎特。人们提到这个城市的名字就会和音乐联想在一起。方陆用这个名字给他在西宁的第一个房地产项目命了名。因为他觉得项目所在地的周边正好小河环绕，偶尔出现的台地和林立的树木，也好似五线谱一般环绕着这方土地。

项目的名字寓意深远，做项目本身也没有丝毫的含糊。他在项目中建了可能是当地最好的音乐厅，精选了最好的材质，建筑设计也局部仿照了奥地利萨尔斯堡的巴洛克风格。用心精工打造，自然也让这个项目回报不菲，耳目一新的"萨尔斯堡"一落地，就在西宁引起了不小的轰动，一时间，"萨尔斯堡"在西宁成了豪宅的代名词。

好的楼盘品质、好的物业服务、稳定的员工、合理的激励机制，正是这些元素的组合，使得在这40年的历程里，企业的发展几乎不受周期影响，每年都保持着稳定的复合增长率。

在银川，宁夏中房集团有一些更动人的故事，比如，曾有一家三代就只在宁夏中房一家公司买了20套房子，可谓押上家族的全部身家。客户的忠诚度、品牌的影响力可想而知。

"我特别感谢中城联盟这个组织，也特别感谢王石和郁亮。因为中城的机会，我认识了王石和郁亮。受他们的影响，中房现在才有机会，有一个比较适合我们自己的合伙人机制。"

做行业下行期的上行企业

经历疫情肆虐，经济下行，方陆曾说房地产行业的底层逻辑已经发生变化，出现三个拐点。"第一是总量的拐点，房地产行业开发总量到前年（2021年）见顶了，开始调头往下走了。第二是模式的拐点，以前它是三高，高杠杆、高周转、高规模，现在变成了低杠杆、低流速、低周转、高品质。第三是利润的拐点，以前这个行业利润率还不错。到了2022年，因为竞争的激烈和政府的强力调控，限房价、限地价（政策）等，整个行业利润有明显的下滑。"

万科集团董事长郁亮在集团2021年年会上宣称，房地产行业已进入"黑铁时代"。在这种形势下，方陆对自己的企业提出迎难而上的要求："要做黑铁时代的黄金企业，做行业下行期的上行企业。"为此，他想要"奋力突围，穿越寒冬"，凭借危机意识和创新举措，引领企业突破困境。在经营上，他坚持十六字方针："合伙赋能、连接共生、精益管理、数字转型。"其中，"合伙赋能"和"精益管理"是针对企业内部，"连接共生"意指企

业外部，"数字转型"则是对时代的适应。

"我们正在跑步进入老龄化社会啊，2022年总人口里面60岁以上的老人（占比）已经百分之十八点几了。到2050年会达到35%。这是很恐怖的一个比例，三个人里就有一个60岁以上的。"面对社会老龄化的加速，方陆正在大力推行一种社区养老的模式，他的理念是"替天下儿女尽孝，让父母在儿女的身边养老"。

他所居住的小区，就是社区养老的代表项目，项目开始建设前就在小区内规划了养老院，小区的老人可以选择居家，也可以选择住在养老院。因为通常老人的子女会在小区内置业，所以养老院与子女之间的距离和居家相比几乎没有差别，这个方式的养老院一出来，深受喜爱，老人们纷纷选择住进社区内的养老院，和子女亲近的同时自己也会得到更专业的照护。住进社区养老院的老人里，包括方陆自己的母亲。

提到"双碳减排"，方陆说十几年前他在宁夏发出倡议，要做绿色建筑和绿色企业。那时的碳减排认知环境还不像现在这样成熟。他知道变革总是有代价的，"绿色企业、绿色建筑，对于

↖ 2020年10月，方陆在青海湖的渡轮上。

↗ 2022年6月，方陆在社区养老院看望自己的母亲。

→ 2020年5月27日，方陆在拉萨八廓街。

企业来讲，在利益上是受损的，更多地要靠情怀，靠责任心去支撑"。为了能让节能减排尽快进入良性循环的轨道，方陆不断地尝试着产品的更新换代。从最初的科技住宅，即恒温、恒湿、恒氧的被动式住房，到后来的"绿色建筑"，再到现在的"健康住宅"，他一直在坚持节能环保与市场的双向磨合。"健康住宅不是一个简单的噱头，它应该是符合 1997 年建设部颁布的一系列标准的住宅，在空间、空气、噪声、水质、环境以及健康促进六大方面有了不同于常规住宅的更高标准。"方陆介绍说。

以往总说绿色住宅，客户其实并不容易感知，所以也很难为此买单。现在健康住宅概念涉及的方方面面比较具体，与实际生活的关系更密切，客户就更能理解，也更容易产生共鸣。

生活减法，公益加法

宁夏的枸杞很出名，每到采摘的时节，菜鸟队的队员们总可以收到来自宁夏的整箱整箱的枸杞，多年不变。

客户都对中億基业有一种"暖男"印象，身边人更会觉得"暖男"的形象比较容易和方陆本人联系在一起。作为一个西北人，他身形高大，面相儒雅，熟人对他的评价大多是诚恳、仁厚。他平时对身边同事大多友善，对保安、司机都很客气，对朋友更是真诚热情。

这几年，他给人感觉又沉稳了许多，闲聊间，问他觉得自己目前比较满意的成就是什么，他答，"这些年认真地塑造了自己"。我们一边聊天一边散步，不知不觉地走了六七公里。这是他每天固定需要完成的锻炼任务，风雨无阻。

2020 年，方陆学着别人年度演讲的样子，在银川做了一场单人脱口秀演出。那次演出是他的高光时刻，一个西北暖男的形象就此树立——至少当地网红无疑。

公众形象于他而言，确实也造成了一定的压力。在珠峰拍照的时候，让他摘一下帽子，以免挡住脸上的光，他说还是不摘

了，因为摘了之后发型就乱了。

虽然暖男的形象刚刚树立，可在工作和生活中，这其实是他
一贯的作风。在工作上，他总是实践着先利他而后利己的管理哲
学。真正能够落实合伙人利益机制的私营企业恐怕并不多，方陆
在这一点上显示了西北人独有的胸怀，斥百万重金、邀请咨询公
司制定了大刀阔斧的分权分利合伙人方案，充分地奖励和企业一
同奋斗的老员工，同时，也敞开胸怀，"周公吐哺"，吸引新的优
秀人才加入。

在生活上，为了平衡自己的时间，方陆刻意地减少了日常的
应酬，将自己的父母和岳父岳母都安排在公司所在的小区居住。
而且专程制定了日程表，每周一三五在父母家吃饭，二四六在岳

父母家吃饭。一家人其乐融融，工作生活两不误。

"到了我这个年龄，要（对生活）开始做减法。我把各种社会职务都卸任了，唯一保留的是阿拉善SEE（生态协会）塞上江南中心的负责人头衔。"阿拉善SEE是目前国内最大的环保公益组织，方陆说自己当初加入这个组织是抱有一种"赎罪"的心态，因为开发房地产毕竟还是对环境造成了一定的影响。阿拉善宁夏"塞上江南中心"成立了4年，初具规模，在这样一个理念相对保守的省份发展环保公益事业并不是一件容易的事，方陆把它当成一场马拉松来坚持。

除了公益事业，方陆8年前独资2.5亿元建了银川景博中学，后来发展成集幼儿园、小学、初中、高中、培训学校于一体的全年龄段教育品牌。方陆说自己的母亲当了一辈子老师，而他自己的第一份职业也是教师，教育于他而言，似乎有着骨子里的亲近。景博中学的校训，"阳光、健康、幸福、绽放"，也是他对教育的梦想。"100年后，即使宁夏中房不存在了，但景博学校一定还在。我希望它成为一个百年名校，长长久久地存在下去。"

← 2020年10月，方陆在珠峰北坡大本营"以山为家"雕塑前献上哈达。

↓ 2020年10月，方陆在纳木措。

珠峰，生命因你而不同 [1]

方陆

存在主义大师萨特说："人们投入一个短暂的计划，照耀他的却是永远的光芒。"攀登对我而言便是如此。

此时纠结，何时洒脱？

4月1日11点，银川河东机场，由这里飞往成都，继而中转抵达拉萨的航班就要起飞。

记不清从这里出发了多少回，却从未这么认真地做过准备。

司旗、全家福和那面特意制作的"天下黄河富宁夏"的旗子、登山靴、登山杖、冰镐、连体羽绒服、消炎药、给队友们的礼物——百瑞源枸杞……在行李舱中整装待发；经过公证的"遗嘱"已经交给了律师……闭上眼睛问自己，你准备好了吗？

一天前，还有人劝阻我，短短一个多月的自我训练不足以支撑攀登珠峰的体能，公司还有几个非常重要的会议没来得及开，父母正待颐养天年，妻儿牵肠挂肚……你又不是职业登山运动员，何苦来哉？

很多人都会觉得奇怪，高山反应伤害着身体，艰难困苦折磨着意志，滑坠、雪崩、冰崩甚至莫名猝死等意外威胁着生命，为什么我明知艰险，还要一次次向山而行？

说实话，第一次攀登是和万科董事局主席王石一起完成的，当时真没有"登山"的概念，倒是观光的感觉多一些。后

---

1 本文原载于中房内刊《乐家》。

来又攀登了几座 5 000 米以下的山峰，认识渐渐发生了变化，感觉到攀登是一种"苦中作乐""磨炼意志"的极好方式。再后来攀登了四川四姑娘山、西藏启孜峰、新疆慕士塔格雪峰以后，就有了显著的心理变化。攀登高山变成了一种令我痴迷的苦役，一种身陷其中、无法自拔的修行。攀登高海拔雪山的过程极其艰苦、枯燥，危难重重，但经此培育的"坚持和忍耐"以及超然淡定的生命观却是自己终身受用不尽的宝贵财富。

随着年龄的增长，感觉到每一次选择出发的机会成本会越来越大。随之对应的，是作出选择时需要的勇气越来越多。但反复告诉自己，若此时纠结犹豫，那何时能够洒脱放下？

人生哪一刻又是完满无缺，仅供你用来"出发"的呢？

所以，一次次为企业、为家人所牵绊，却又一次次毅然决然地出发。

谦卑的开始

4 月 2 日，和队友们抵达拉萨市，平均海拔 3 650 米，比贺兰山主峰敖包疙瘩的海拔高度（3 556 米）还高出近 100 米。

高原反应是攀登珠峰的第一个门槛儿，我们必须积极调整并适应。

一入藏区，随处可见手拿转经筒的藏民。信仰于他们而言已是深入骨髓的习惯。他们从心底里爱佛、敬佛，也敬畏高山与湖水，他们相信山与神都是有灵性的、一体相通。山即是神，神也可幻化为山。巍峨壮丽的"珠穆朗玛"既是他们的峰，也是他们的女神。

藏人们处处身体力行他们对山的敬仰，对神的谦卑。他们一路"五体投地"，对着心中的山与神一步步跪拜而去，借由这一次次的跪拜，打开自己通往神或山的洞门，不在意衣衫褴褛，不怨怼饥寒交迫，而是满目安详与从容，他们看似一无所有，却又喜乐丰盛。

想想我们，生逢激情燃烧的岁月，在这壮怀激烈的年代，大家都在忙碌奔波，自己整日在喧嚣的城市中战斗争夺，内心很多时候都是焦躁的。希望自己今后依然激昂，但多些从容，这是一种难得的智慧，也是一次可贵的修行。

4 月 3 日，和队友专程前往扎什伦布寺。

扎寺意为"吉祥须弥寺"，位于日喀则市城西的尼玛山上，是四世班禅之后历代班禅驻锡之地，可与达赖的布达拉宫相媲美。朝圣者络绎不绝，香火鼎盛。

在这里，无论是寺，还是寺里的人，寺外的山，都格外明亮、安静、清澈，在僧侣们低沉的吟诵声中，我们不由得放慢脚步，放轻声音，放低自己，谦卑地跟随僧人的引领，幸运地接受阿钦活佛的祝祷。这是一个谦卑、祥和的开始……

攀登处处是修炼

黄怒波说：生不如死，是攀登者的墓志铭。这也是我的切身感受。

恶心、头疼、失眠……种种高原反应折磨着身体，高原疾病、滑坠、雪崩、冰崩……诸多意外威胁着我的生命，每天连续七八个小时甚至十几个小时的冰雪攀行既考验着体力，也铸炼着意志力……

4月5日，抵达海拔5 200米的大本营，从这天开始，吃饭和睡觉都成为必须克服的训练课题。

4月18日，从5 800米到6 500米的攀行，气温更低，看着漫长的冰坡上一行攀登者艰难地挪动，感觉他们是那么渺小，又是那么坚韧。珠峰女神，请护佑我们！

4月20日，咽炎加重。夜里一口痰憋在喉咙，气息彻底被阻断，头部瞬间有爆裂的感觉，我使劲撕扯掉衣服，张大嘴巴，一丝气息慢慢吸入，危情得以缓解。

5月7日，6 500米前进营地，一俄籍登山者猝死，43岁。且近日又闻绒布冰川2名游客猝死。攀登珠峰的死亡率是三十分之一，受伤的概率当然更大。迄今为止，已有300多名登山者长眠于此。但我侥幸地认为幸运之神一直会站在自己这边，这种想法虽然无稽却又很实用，它给了我前进的勇气与信心。

5月10日，抵达北坳——珠峰的北大门，海拔7 028米。由亿万年的冰雪堆积而成。狂风漫卷，飞雪飘零。天地间除了攀登者倔强的小小身影，唯有苍茫茫一片冰雪世界。

11个小时，在高500多米、平均坡度超过50度的北坳冰壁上攀行，依然是无氧状态，每一步都很艰难，但我顺利完成了……

攀登珠峰是勇敢者的游戏，这里尊重和崇尚的是那些无所畏惧的勇者，任何怯懦和软弱得到的都是礼貌的轻蔑和否定。我告诉自己，任何时候，不为撤退找理由，只为前进找动力。

珠峰是我的佛陀

5月16日，8 300米的突击营地。

刚刚经过的冰裂缝像饥饿的猛兽张着大嘴，在身后闪着幽蓝的寒光，令人毛骨悚然。极端的疲劳中，我总是被这种奇观一次次惊醒。我感受到自己身体上的痛苦和内心的坚硬。

此刻在形似刀刃的山脊上行走，狂风像头发了疯的狮子，吼叫着扑向我们。

暗夜里，浮云褪去，星光四起。山难者的遗体静静地躺在冰雪里，与这山、这风、这星辰融为一体。

我已无所畏惧。一个人只有置生死于度外，才能在这直逼极限的恶劣环境中体悟生命的价值和意义。

褪去恐惧，抛开功名利禄，放下攻顶荣耀，我心宽似天地间。

这一刻，珠峰女神宛若天人，美得肃穆威严，又慈悲温柔。大风裹着积雪仿佛撩起她美丽的长发，我感觉她那么近，面容清晰可见，威严无语地凝视着我们。这种沉默好似一种召唤，我在心里默默地回应着，好吧！我来了！

这一刻，我更加深切地体尝到攀登的

意义。

攀登让我有幸见到坚强的自己、勇敢的自己、不轻言放弃的自己、敬畏生命的自己、一路超越的自己……

你有多勇敢？多坚强？多能熬？多能扛？山峰都会告诉你！

所以，攀登的伟大之处不在于征服高峰，而在于遇见自己。所谓见自己，见天地的心灵成长，在攀登中都有迹可循。这便是攀登最大的好处。

身处喧嚣，你遇见的是自己的浮躁和物欲；攀登高山，你遇见的是自己的胸怀和胆识；而与佛陀面对，你看到的是自己的善良和慈悲。所以，佛陀不过是你的一面镜子，让你照见美好的自己，由此与自己的美好相遇，一路相携，幸福美满。这便是藏民们即便衣衫褴褛、一无所有，看起来也丰盈富足的原因。你以为佛陀度人，实则是自我超度。

那么攀登于我，大抵也是如此。

放弃，是一种责任

5月17日，攻顶。

夜以继日的寒冷、疲劳，身体和心理的能量一点一点从身上抽离，连路过一个遇难者的遗体时，也已经没有了恐惧。

在这样的风里，我感觉生命像飘摇的风筝，而线不在自己手里。

进程只能以米计算了，一个小时，两个小时，三个小时……七个小时，我就这样机械而吃力地向上挪动着，氧气越来越少，脚步越来越重，呼吸越来越困难，云彩环绕着珠峰，偶尔环望，恍如天堂。

然而距离顶峰还有最困难的一段"阶梯"，七个小时，我才从8 300米攀到8 700米，氧气已经所剩无几，向导坚决要求我下撤，因为如果此时还不下撤，氧气和体能都会让我的生命随时陷入危境。

一边是苦苦追求和奋斗的顶峰，一边是对于生命、对于家庭、对于企业的责任……

最终，我止步海拔8 700米，选择了放弃和下撤。

因为，山，永远在那里，而生命，只有一次。

苏格拉底说：世界上最快乐的事，莫过于为理想而奋斗。梁启超说：患难困苦，是磨炼人格之最高学府。很庆幸我所经历的磨难正是我的理想。

如果你不能体尝"登"的艰辛，那你也一定感受不到"山"的快乐。

方陆的"时代纪录　三十六问"

1. **如果你可以和世界上任何人共进晚餐，你会选择谁？**
   "字节跳动"的张一鸣，汲取商业智慧。

2. **在打一通电话之前，你会排演在电话中说什么吗？为什么？**
   打重要电话时，会简要排演说哪几个重点。

3. **你认为最完美的快乐是怎样的？**
   身心合一的快乐。

4. **如果你可以活到 90 岁，并能在 30 岁后让体态或者大脑其中之一一直保持在 30 岁，你会选哪个？**
   选体态，30 岁的大脑并非最佳。

5. **你最希望拥有哪种才华？**
   幽默感。

6. **你认为自己最伟大的成就是什么？**
   这些年认真地塑造了我自己。

7. **何时何地曾让你感觉到最快乐？**
   脱离喧嚣的尘世，到自己喜爱的地方去旅行，目前我想去一趟南极。

8. **你觉得最奢侈的是什么？**
   时间。

9. **你最糟糕的一段回忆是什么？**
   被某机构羞辱对待。

10. **你的人生中是否有过非常尴尬的时刻？**
    一次演讲后回答问题时语塞。

11. **你上一次在别人面前哭是什么时候？在自己面前哭是什么时候？**
    在父亲的追悼会上，在自己思念父亲时。

12. **有什么事情或者人是绝对不能开玩笑的？**
    严肃的人物。

13. **如果你知道你一年之后会死去，你会想改变你现在的任何生活方式吗？为什么？**
    不改变，挺满意现在的生活方式。

14. **你最珍惜的财产是什么？**
    家风，家族文化的传承。有形财产是我珍爱的一些有价值的收藏。

15. **你最恐惧的是什么？**
    某一天我本人思想力和创造力的丧失。

16. **你最痛恨自己的哪个特点？**
    越来越多的自以为是。

17. **你最痛恨别人的什么特点？**
    不诚信。

18. **你人生到目前为止最大的教训是什么？**
    年轻时读书少了。

19. **你对自己外表的哪一点不满意？**
    时常鼓起来的小肚子。

20. **你认为自己的哪种美德是被过高评估的？**
    忠孝，最后往往演变成了愚忠愚孝。

21. **你最喜欢的职业是什么？**
    创意设计。

22. **你使用过的最多的单词或者词语是什么？**
    谢谢。

23. **你这一生中最爱的人或东西是什么？**
    家人。

24. **你最后悔的事情是什么？**
    儿子的早期培养上，我因为认知不足走过一些弯路，但不意味着今天儿子不成功。我觉得如果重新来过可能会做得更好，会让儿子更优秀。

25. **如果你可以改变你家庭的一件事，那会是什么？**
    给母亲更多的陪伴和关爱，因为前段时间我父亲的去世对我触动很大。

26. **你希望以什么样的方式死去？**
    突然死掉。

27. **人生中你最感激的是谁？**
    挫折。

28. **还在世的人中，你最钦佩的是谁？**
    企业家里是任正非，他低调内敛、大智大勇。政治家是朱镕基，他刚正清廉、能力超强。

29. **你最喜欢女性身上的什么品质？**
    温良贤淑。

30. **你最喜欢男性身上的什么品质？**
    勇敢和智慧。

31. **你觉得哪一个年龄段是人生最好的阶段？**
    当下。

32. **当钱不是问题时，你最想要过的理想生活是怎样的？**
    轻松地去做慈善公益，让社会更美好。

33. **除了工作，你最大的爱好是什么？**
    健身与阅读。

34. **你的人生是否依然有梦想？这个梦想是什么？**
    有，希望中国能变得更好。

35. **一生中你有没有不变的信条或者座右铭？**
    建立自我，追求无我。

36. **在你面前，未来是一幅怎样的图景？**
    前途莫测，一切皆有可能。

韩家寰

大成集团总裁，阿拉善 SEE 公益机构
联合创始人、第三任会长，"better me
精准营养公司董事长。

健康第一

"养鸡人"的成长之路

作为家族企业大成集团的第二代掌门人，在业界，韩家寰被称为"肯德基养鸡人"。在他的带领下，大成旗下的子公司大成食品被打造成中国最大的鸡肉加工商，业务范围包括饲料、肉鸡一条龙以及食品加工、面粉、餐饮等领域，今天，全国每三块肯德基炸鸡就有一块由大成供应。除此之外，大成也是麦当劳、德克士等快餐连锁店的最大鸡肉供货商之一。

至今，大成集团已在亚太区域发展成为拥有三十多家子公司的农畜食品集团。

1957年，作为中国台湾地区第一代创业者，韩家寰的父亲韩浩然在台南开了店铺，主要卖豆饼和榨油，他每天骑着小车沿路做买卖，风雨不歇。父亲在工作中勤奋积极、专注坚持的形象，让童年时期的韩家寰印象格外深刻。

韩家寰幼年时期不幸患了小儿麻痹症，但是他已经习惯了这件事，甚至常常忘了自己的不方便。"我和我父亲一样，做起事情来一专注，就什么都忘了。18岁的时候我还读过一本书，对我

← 韩家寰在北京万通中心办公室。

→ 2015年7月，韩家寰在他的办公室。

57

影响也很大，书名叫《积极思想的精神效果》，你永远想得很积极，你就会有很好的效果。"

从台湾政治大学企管系毕业后，韩家寰想赴美深造，虽然申请的几所学校将他拒之门外，但是他并没有就此放弃，反而又给每个学校都写了一封信："拒绝我将是一个错误的决定，我会是你们很棒的资产。"芝加哥大学给这个自信的学生回了信，问道："韩先生，如果你像自己讲的那么优秀，那么大二那年，你怎么有三科成绩不及格？"韩家寰察觉这是一个转机，写了十页纸解释自己当时是为了一个论文比赛，耽误了期末考试，但是最后自己的论文获奖，不及格的科目也都补考通过了。他还举了很多事例来证明自己的做事态度。最终芝加哥大学被他的诚意所打动，破格录取了他。

"敝校（芝加哥大学）是先学理论然后用一生去实践，贵校（哈佛商学院）是直接通过实践学理论。"他这样打趣地评价他毕业的院校和哈佛商学院之间的区别。

从芝加哥大学取得 MBA 学位后，韩家寰并没有直接回中国台湾地区进入家族企业，而是在香港地区做了一段时间的金融工作。那时的他觉得，家族企业就好像是"很凶的、暴发户样子的老板，一堆亲戚彼此钩心斗角"。

1982 年，韩家寰的父亲帮朋友公司做担保，结果朋友弃公司跑路，法院裁定父亲朋友的巨额债务需要由大成公司偿还，这个判决把大成公司逼得濒临破产。危困之际，韩家寰回到大成，在他的主导下，大成的核心业务调整为专注"饲料"的细分市场。单点突破，逐渐发展成为台湾地区第一大饲料企业，改变了台湾饲料以进口为主的格局。

这一段力挽狂澜的经历，使得韩家寰因此被大家称为"斗鱼"，也改变了韩家寰对家族企业的看法。"慢慢地，我发现家族企业需要承担很多责任，这种责任非常重大，有些也很特殊，并不是普通职业经理人都能够承担的。"

90 年代，韩家寰初入大陆市场，感受是"像是一脚从《红

楼梦》跨进了《水浒》"，大陆激烈的市场竞争也激发了他的"斗鱼"特性，秉持着父亲"诚信、谦和、前瞻"的信条，从 2006 年开始，大成投入大量资金和人力资源，开始着手建设可全程追溯的食品安全管理系统，让鸡肉来源透明化。

2008 年，大成成为北京奥运会鸡肉的指定供货商。2009 年，公司正式启动"来源透明"食品工程，推出高质高价品牌"姐妹厨房"。每一份"姐妹厨房"的鸡肉产品的包装上都标有一个安心码。消费者通过安心码可查询购买产品的所有相关信息：鸡只养殖农场、入雏和出栏时间；饲养人、饲料信息；鸡只电宰的工厂、鲜肉生产及质检信息；食品深加工信息等。

"一只猪的排泄相当于 8 个人，猪粪含碳高、污染大，我们在研究用一种特别的绿藻来吃掉猪大便，没有污染，又安全，这是一个 Amazing Revolution（惊天大变革）。"2015 年时，韩家寰坚定地说："家庭农场效率最高，是农业基础、是核心，中国化肥太便宜，农产品应该慢慢加入环境成本，用市场调节食品价格。"

韩家寰曾断言：未来是鸡肉的天下。

他解释说："鸡肉的脂肪很低，是一种健康的蛋白质食品，而且鸡肉比牛肉、猪肉更容易料理，料理形式也可以多样化。其

次，鸡将饲料转化为肉的效能要远远高出猪、牛等动物。大概 2
公斤饲料就可以转化为 1 公斤鸡肉；而猪的话，平均 3.5 公斤饲
料转化 1 公斤猪肉；牛，平均 8.3 公斤饲料才能转化 1 公斤牛
肉。所以，鸡以较低的成本，生产出了最优秀的蛋白质。另外，
鸡的污染很小，鸡粪的处理比猪粪容易很多，还能做果园肥料，
鸡产业也体现了减少碳排放、可持续发展的理念。"

　　由于在食品行业的杰出贡献，韩家寰曾当选中国台湾地区十
大杰出青年。

better me

"你知道吗，中国糖尿病的比例超过 11.6%，远超过欧美国家，这太可怕了。主要是中国人吃碳水太多了，碳水转化糖的效率又太高了，很容易爆冲，让人过度兴奋之后又变得很疲惫，所以你看中国人都习惯睡午觉。"韩家寰说这一段话的时候，他在餐厅吃着面条……看我的表情有点不解，他解释道："我现在吃的是 better me 的一款新产品，低升糖拌面，你看它同样是面食，吃起来有碳水的满足感，但是对糖的转化效率一点都不高。我们现在花很多精力研究这样的优质碳水，让大家可以放心吃米饭、吃面条，然后好吃不胖，糖尿病人都可以吃。"几年前食品公司 better me 与大成结成战略结盟，希望能"借助大成 40 年创业历程"，发挥供应链安全卫生、高效率、可溯源的优势，做出更多更美味的"让年轻人动心"的健康食品。低升糖主食和水煎鸡扒就是其中的实践。

"你别看我这么胖，"他自我调侃道，"做健康食品一直是我们整个公司的 DNA。"韩家寰觉得中国人的饮食还是有几个亟待

↖ 2023 年 2 月，韩家寰在北京公司"姐妹厨房"的画作前。

→ 2023 年 2 月，韩家寰在北京公司办公室尝试 better me"享瘦"低升糖面食的新产品。

解决的问题：吃得多、吃得重、吃得咸，不习惯吃食材的天然原味，优质蛋白质摄取不够。

他还是觉得中国需要一些有社会责任感的健康食品公司，希望大成集团可以做领头羊。这些年，大成从食物加工链上游往下拓展，由生产鲜肉发展到生产很多加工食品。

"我们有三个坚持。第一个坚持就是清洁标签（clean label）：产品不放防腐剂，不放人工色素，不放对身体不好的任何添加剂。坚持回到食物本来的味道。第二个就是坚持做优质蛋白质。就像 better me 的水煎鸡扒，没有任何防腐，然后因为肉里面有核苷酸，光用水来煎的时候甜甜的味道就会自动地跑出来。第三个就是坚持做优质碳水，在饱腹的前提下，减少对糖的转化，减少身体负担，让人一整天可以维持活力。"

听他说完，我突然觉得 better me 是一个挺好的名字，会让人感觉吃的每一口，都在对自己负责。

追求生命力

韩家寰的妻子南希（Nancy）老师从大学教学退休后，依然热情不减，在抖音和微信视频号上开设了 Nancy 老师课堂，家中的书房被她改造成了直播室，给中小学生做英文授课。为了更生动地教学，Nancy 老师亲自设计每一张教学 PPT，组织每一个课堂上需要播放的视频，尽可能地让教学做到生动有趣，通俗易懂。她珍惜每一次和学生互动的机会，也鼓励学生们勇于提问、勇于表达，书房的架子上，堆满了盒装的彩笔，那是 Nancy 老师课程里的教学工具。"我没想过直播赚钱的事，但是有这样一个方法让我可以接触到更多的学生，可以帮助更多有需要的人，我觉得特别幸福。"直播休息期间，Nancy 老师说道。说这段话的时候，韩家寰恰在一旁"观摩"教学，那一刻，他的眼神里分明也充满了幸福。

在清华经管学院的 MBA 课堂，韩家寰讲授的选修课向来是座无虚席的。说起去授课的原因，他直言不讳："就是想多'骗'几个学生来我们公司。"结果很好，他真的"骗"到了十几个。授课期间，韩家寰也同样经常邀请同学们到北京家中，一起头脑风暴，展开理论与实践的第二课堂。

对于教育体制，韩家寰还是比较认可职业教育。"德国的职业教育是全世界顶尖的，美国是精英教育，而中国台湾地区和大陆大部分都还在中间这一层。台湾地区这些年感觉设了太多大学，现在大学的需求名额比考试人数还多，大家就忘了很根本的东西，好像不觉得扎实的工艺很重要，变得有点浮躁。"

"每次去工厂，我都跟他们要工服穿，因为工服口袋多，好方便，我的衣服基本都是工服。"区别于企业管理上的"斗鱼"特性，韩家寰在日常生活中则随和了许多。

↓ 2023 年 3 月，韩家寰在家中看妻子 Nancy 老师做直播教学。

　　"这是我的小玩具。"说着，韩家寰骑上他的迷你电动三轮车，开出了办公室。身为集团总裁，他的办公室紧凑而简朴，一张办公桌、两把椅子。好的景观和宽敞的办公空间都留给了员工。他没有在办公室给自己设置独立的洗手间，这辆迷你电动小三轮是他在办公室里的交通工具。每次去方便的时候，他就骑着这辆小三轮，绕着办公室转个圈，正好也可以跟同事们打个招呼。他的办公室门上还曾贴过一张纸条："不用敲门，请直接进来。"

　　而他日常的理发，则是由妻子担起"重任"。

　　"给他剪头发这么多年，可是我还是会很紧张。"Nancy 老师说。每次给韩家寰理发，她都会把凳子放在落地窗边，借着阳光，小心翼翼地修剪。而韩家寰则会拿出手机刷一会儿视频。"我得干点事，装作若无其事的样子。要是我什么都不干，她更紧张。"韩家寰笑着说。

← 2023 年 2 月，韩家寰在北京万通中心办公室骑着他的迷你电动三轮车。

↗ 2023 年 3 月，韩家寰在北京家中，妻子 Nancy 老师正帮他理发。

最近几年，大成的第三代接班人已陆续登场。韩家寰笑称可能会选择退居二线，"当个老佛爷，指导指导"，但是并不会选择退休。"大家都知道王永庆，他 92 岁的时候还会到美国出差，考察业务，他也是不退休的。"聊天时，韩家寰多次提及王永庆，把他看作自己推崇的匠人精神的代表：追求极致和完美，生命力旺盛，数十年如一日。谈及"生命力"，韩家寰也有自己的榜样："我一直非常羡慕和佩服有生命力的人。有一部被奥斯卡金像奖提名过的电影，叫《返老还童》，男主角是一个帅哥，生下来就像个老人，后面越活越年轻。我第一个想法是，这个人是王石。因为王石就是在事情做成功之后，跑去登山。所有的山都登完之后呢，又跑去念书。他生命力很强，倒着活。"

"90 元" 管理一家公司

2004 年，时任首创集团总经理的刘晓光召集一众企业家筹备成立阿拉善 SEE 生态环保协会，立志做荒漠化防治。在好友的介绍下，韩家寰和刘晓光见了面。"刘晓光有领袖魅力，他历尽沧桑的脸有一种感召力。我一下子就被说服了，就像被某个'帮派'给吸收了一样。"韩家寰带着这份感动，还发展了近 20 名台湾地区企业家会员。"刚开始做阿拉善 SEE 的公益事业时，大家都太可爱了。那时候都觉得企业家无所不能。我们可以改变自然、可以改变这个社会。"阿拉善位于内蒙古的沙尘暴中心，当时被波及的牧民有三四万人，羊群大概 300 万头，大家就以直线思维，商量分摊用工，补偿羊群，这样一来，好像问题一下子解决了。"然而，还没开始就发现不是特实际，因为自然的力量是最大的力量。你不能说吹个口哨就把人家'赶走'。那是他们的家，务农、放牧、在篝火前唱歌才是他们的生活，做环保要尊重自然、尊重人文。"

2009 年，韩家寰当选为第三届会长。在发言时，他用狄更斯的那句名言做开头："这是一个最好的时代，也是一个最坏的时代。"他觉得，最坏的时代是因为环保一塌糊涂，人们为经济发展付出了太多的代价；最好的时代，是因为真的有一群企业家觉醒了，觉得自己可以做一点事情。

"越来越多企业家理念一致，DNA 一致，自动自发地围绕环境做事，说不定以后阿拉善 SEE 还可以参评诺贝尔和平奖。"他说。

王石任阿拉善 SEE 生态协会第二任会长时，把沙漠小米引入了阿拉善，种子采用的是"杂交谷子之父"赵治海培育的节水小米，佐以节水灌溉技术，相比种植玉米，1 斤沙漠小米可以节约 1 吨绿洲地下水，产量却能每亩提高三成多。2010 年，沙漠小米在当地的种植面积扩展到了 3 000 亩。

韩家寰面临的问题是如何把逐渐增产的沙漠小米给卖出去，

→ 2023 年 3 月，韩家寰，在北京小区，妻子 Nancy 老师陪他在小区花园闲逛。

让农民赚到钱。试过了往餐厅供货、销售给食品公司等方法后，韩家寰意识到这不是长远之计，为了持续推广沙漠小米的种植，必须将市场关节打通。他想到成立一家社会企业作为连接沙漠小米和市场的桥梁，为此，他构思设计了"北京维喜农业有限公司"。为保证维喜的公益性质，韩家寰提出在董事会设 9 名董事，实行"5+4"的原则，保证有 5 名董事来自阿拉善 SEE。同时，他还提出"90 元钱控制一个公司"的理念，将维喜的治理决策权和参与主要投资的股东分离。"9 名董事会成员每人花 10 元买特别股，就可以参与公司治理，但无法享受投资回报。"相反，投资 10 万元的股东，"在公司赢利后可享受相当于银行贷款年息的回报，但无权参与公司决策"。对于这个设计，韩家寰很是满意，他希望自己设计的公司成为中国很特别的社会企业。在他看来，"社会企业并不是慈善单位，社会企业能够活下去，一定要通过市场证明你有价值，你一直亏钱就没有价值。而靠市场、产品和品牌，让农民、消费者、环境、企业各方多赢，才能实现持久发展"。

韩家寰接手大成集团的时候，目标是做全中国最好的食品公司，现在他希望公司可以同时具备更多的社会价值。"我希望自己不退休，利用一点影响力，在社会公益上，探索新的模式。"

← 2023 年 2 月，韩家寰在北京公司父亲韩浩然的塑像旁，墙上的六个大字"诚信、谦和、前瞻"是韩家寰父亲韩浩然留下的企业价值观。

韩家寰的"时代纪录 三十六问"

1. **如果你可以和世界上任何人共进晚餐，你会选择谁？**

   邓小平和我的姥姥。

2. **在打一通电话之前，你会排演在电话中说什么吗？为什么？**

   没有。

3. **你认为最完美的快乐是怎样的？**

   我觉得很难有完美的快乐，人不停地升级，快乐也会升级。

4. **如果你可以活到 90 岁，并能在 30 岁后让体态或者大脑其中之一一直保持在 30 岁，你会选哪个？**

   如果是以前会选择大脑，但是现在年纪大了，会想起浮士德与魔鬼。因为青春是太美的东西，带来的不只是智慧，是完全不同的一种新的生命，一些新的体验。

5. **你最希望拥有哪种才华？**

   更沉稳、更深入地看一些事情。

6. **你认为自己最伟大的成就是什么？**

   我热爱人，我有很多朋友，这个对我来讲很重要。

7. **何时何地曾让你感觉到最快乐？**

   被需要的时候。

8. **你觉得最奢侈的是什么？**

   大家都认同我的期望。

9. **你最糟糕的一段回忆是什么？**

   很多错事可以弥补，但是不能伤害人。我的性情是讲话很急，有时候无意中会把人伤害了，那就是很糟糕的事。

10. **你的人生中是否有过非常尴尬的时刻？**

    有，但是要把它化解。比如我有一次跟很重要的客户谈战略合伙，这个小鬼伶牙俐齿，询问我，知道什么是战略合伙人吗？他说这是有特别定义的，我还不适合当他们公司的战略合伙人。在一个很大的场面里被年轻人这样数落，别人真的都蛮尴尬，但是我会笑，不会把它变成笑话，把它化解掉。

11. **你上一次在别人面前哭是什么时候？在自己面前哭是什么时候？**

    在别人面前哭不太有，自己哭是看到抗战的视频，我们空军官校最优秀的学生们没有一个活下来。我们这种人很容易对国家的事情特别激动。

12. **有什么事情或者人是绝对不能开玩笑的？**

    我很喜欢开玩笑，但有的人是不可以开玩笑的。而且开玩笑只能开对方的长处，不能开对方的短处。开让别人觉得很舒服的玩笑其实很重要，我觉得这也是一个学习。

13. **如果你知道你一年之后会死去，你会想改变你现在的任何生活方式吗？为什么？**

    我问了我太太，她说她在前一天还会继续教书。我想我可能还是像现在每一天这样过，但是会重新把事情的优先级排好。

14. **你最珍惜的财产是什么？**

    我认识我太太 50 年，我很珍惜跟她在一起的每一天。物品的话没有什么特别的。

15. **你最恐惧的是什么？**

    瘫痪而不死，老年痴呆症。最恐惧的是在脑子很清楚的时候身体瘫痪了，或者患上渐冻症。

16. **你最痛恨自己的哪个特点？**

    我有时候会变得很激动，个性很急。

17. **你最痛恨别人的什么特点？**

    虽然善良是一种选择，但我会痛恨别人不善良。

18. **你人生到目前为止最大的教训是什么?**

我常常过分乐观，过分积极，也希望可以慢一点。

19. **你对自己外表的哪一点不满意?**

胖了一点。

20. **你认为自己的哪种美德是被过高评估的?**

管理上，别人说请一个人来工作要慢慢地请，一旦觉得不合适，要快速做决定。我常常相反，慈不掌兵。

21. **你最喜欢的职业是什么?**

我很喜欢绘画。高中的时候本来要去考艺术系，画了一个学期，发现真的没有这个天赋，但我觉得这是很浪漫、很美的事情。

22. **你使用过的最多的单词或者词语是什么?**

我有时候个性比较急，会直接讲事情，常常不够柔和，后来接受了一个训练，讲话时会用类似"如果我是你""如果遇到这种状况，我要怎么做"这样的方式。

23. **你这一生中最爱的人或东西是什么?**

我的太太。

24. **你最后悔的事情是什么?**

我不知道。也许到最后一天的时候，我会想到有没有后悔的事情，因为人会一直改变。

25. **如果你可以改变你家庭的一件事，那会是什么?**

没有想要改变的。我父亲80多岁，有一天他突然问我："小时候我让你的腿生病，你有没有怪爸爸?"我非常感动，也许他想改变这样的事，但我觉得还好。

26. **你希望以什么样的方式死去?**

我觉得安乐死就很好，可以快乐地离开，而且我相信应该还有另外的世界。

27. **人生中你最感激的是谁?**

除了家人以外，最感激的是在台湾上小学一年级时的一位老师，当时我妈妈怕我不方便，被欺负，但是那位老师让我当班长。有一次我听到隔壁的老师问她："他腿不方便，怎么选他当班长?"我回去把这话再传给我妈听，我妈气得要命。但那位老师一直鼓励我，让我有信心。

28. **还在世的人中，你最钦佩的是谁?**

我曾经想要追随一些人，不是他的能力或财富，而是他的领导力和待人的方式，这样的人很多。

29. **你最喜欢女性身上的什么品质?**

自信。

30. **你最喜欢男性身上的什么品质?**

勇敢和善良。

31. **你觉得哪一个年龄段是人生最好的阶段?**

50岁以上可能会比较好。

32. **当钱不是问题时，你最想要过的理想生活是怎样的?**

我很喜欢看一些荒野探险、森林里盖房子、在北极或者岛上生存的视频，我想我骨子里应该很喜欢这样子。

33. **除了工作，你最大的爱好是什么?**

可以做一些能够发挥很多想法的东西。

34. **你的人生是否依然有梦想? 这个梦想是什么?**

可以激励很多人，让大家都变得更好。

35. **一生中你有没有不变的信条或者座右铭?**

伸手摘星，即使扑空也不会沾上一手泥。

36. **在你面前，未来是一幅怎样的图景?**

也许很多人年纪大了就没有所求，一切都是那么安逸、那么美好，我不知道那是什么样的景象。我想在那个过程里面是不是还有一点担忧，有时候会有一点气愤，有很多期许，可能我觉得那才是最美好的。

王瑜霄

2022「中国新消费星锐品牌」
iSEE 全球食品创新奖，墨茉点心
局创始人。

属于中国的
点心

打造国风点心品牌

疫情期间，她开始创业了。

从 2020 年 8 月开始，一个印着狮子头标志的手提袋频繁出现在长沙年轻人的手中。各种长沙打卡攻略和种草清单里也频频出现它。这个标志出自王瑜霄创始的点心品牌——墨茉点心局。

墨茉点心局这个名字，缘于"墨自东方古韵，茉传华夏千年"。又因古代称点心为果子，宋代有果子局。瑜霄把两者组合而得名，字里行间透露着她对国风品牌的追求。

安迪·沃霍尔曾说过，流行就是一切。王瑜霄可能是这句话的拥趸。她对年轻人的潮流趋势格外敏感，做点心局更是紧跟年轻人的喜好。但是王瑜霄知道，想要做成一个事业，还是得产品为王。"如果不懂产品，研发就无法把控，没有研发，也不可能有好产品。"为了让自己成为行家里手，她四处拜师，潜心研究"这一口果子"。

"点心"是个传统行业，竞争激烈，但是王瑜霄还是有信心。"竞争挺好的，如果大家都不跑进中式点心这个赛道来，中式点心也根本没有办法出头。我就踏踏实实把心思放在品牌和产品的深度上去，坚持传承中国传统文化和民间手艺，其他的就交给时间和市场。"

虽然够努力，但是外界的质疑声还是不断，认为她出身媒体，只是懂营销，有资源，没有什么产品力。

人们常说湖南人"吃得苦、耐得烦、霸得蛮"，在点心这件事上，她霸不霸得蛮不知道，但是吃得苦、耐得烦还是有的。

墨茉的总部在长沙商业中心区，瑜霄办公室对面就是一个几百平方米的现代厨房。一天里，她有 80% 时间是在和厨师或各地来的点心师一起分析尝试各类食材的使用，做点心样品。烤制时间长短、饼皮厚薄、不同馅料的搭配，都按照计划表有条不紊地依次试验。这个过程中，当然得有试吃。在办公室里，厨师送来刚烤完的馅饼，瑜霄一边吃一边嘟囔着："我都快吃出工伤了，每天都要吃这么多，胖了好多。我的生活就是吃、减肥，吃、减肥。"

↖ 2022 年 11 月，王瑜霄在长沙黄兴广场。

→ 2022 年 12 月，王瑜霄在长沙墨茉总部办公室。

启蒙

　　王瑜霄出生在长沙7月的正午。出生的时候没按照习俗包裹手脚，所以小瑜霄就在热辣的天气里"大展拳脚"。"我妈说我一生下来就是男孩子的性格。从小就不爱穿裙子，为此还常常和我妈吵架。洗完澡看到妈妈送来的是裙子，宁愿不穿衣服也不要穿裙子。"上小学的时候，瑜霄和奶奶一起生活。由于太顽皮，老师们平日里都拿她没办法。学校校乐队的辅导员蒋老师，算是一个能让王瑜霄安静下来的人。作为升旗队的鼓手，王瑜霄得到蒋老师很多关爱。"那会儿就觉得蒋老师特别阳光健康，学识渊博，自己特想成为她那样的人。"王瑜霄回忆说。

上了初中之后，住在浏阳河边上的王瑜霄，在抓鱼这件事上找到了乐趣。"那会儿经常会去河里面捕鱼、抓螃蟹。我妈请人来给我补习，我就偷偷把时钟调快半小时，因为我急着去河边抓鱼。"

虽然总是和父母对着干，但是瑜霄也会体谅父母的艰辛和不易。父母当时经营着一家小超市，每天都需要早上 6 点钟起床，到晚上 9 点才能回家睡觉。因为没有帮手，他们连午休一会儿的时间都没有。那几年，只要放假，瑜霄就会去超市帮忙。尤其是午饭后，她会去看店，让父母可以午休一会儿。"我还学会了骑那种女士摩托车，骑车去送货。酒水饮料，一箱箱扛。我妈会告诉我一箱啤酒能赚多少钱，一条烟能赚多少钱。那时候特别真切地感受父母赚钱不容易。我送一次货也就赚个十来块钱，不仅要送过去，还要搬到指定的地方。"

走过的路，每一步都算数。也就在那个时候，王瑜霄开始对零售店铺经营有了模糊的概念。

"木九十"眼镜店，可能很多人在商场里见过。可是十多年前，它还只是个地方小众品牌。如今一线城市的大商场几乎都有它的影子，这里应该有王瑜霄的一份贡献。

十多年前，在湖南卫视工作的王瑜霄，看到主持人汪涵戴着一副没有镜片的木框眼镜，当时她就觉得这种款式的眼镜以后会流行。

后来在成都街头，她偶遇了一间叫作"木九十"的眼镜店，发现几副潮流感不错的木框眼镜，当即向店员打听公司在哪儿，店员略带疑惑地指了指对面的写字楼，于是瑜霄直接冲上楼，找到对方公司经理就说要加盟。"我只有一个念头，我一定要见到他们老板，让这个眼镜变流行。"当她得知老板姓陈，便直接打电话给前台，谎称陈总约了自己谈事，但自己手机没电了，联系不到陈总本人，只记得前台电话。就这样，她找到了陈老板，然后马不停蹄飞去重庆跟他见了面。也许因为她的这一份热情和冲劲，陈老板第一次接受了加盟。

↑ 2022 年 11 月，王瑜霄在长沙黄兴广场。

→ 2022 年 12 月，王瑜霄在长沙新世界时尚广场，一边停车一边打着工作电话。

　　此后，王瑜霄借着 2007 年"快乐女声"的热度，通过植入广告和微博转发，木框眼镜乘风起势，热度大涨。"木九十"这个原本小众的眼镜品牌，也开启了"暴走模式"。2010 年至今，全球已有过 1 000 家门店，成了国内外小有名气的潮牌。负责木九十长沙区域运营的王瑜霄也凭此积攒了自己的第一桶金。

　　不过，好景不长。"木九十"之后，在加盟连锁上有些心得的她，开创了自己的帽子集成品牌"FUO"。可惜因为对市场需求的误判，以及对跨地区经营难度预估不足，不到 5 年，王瑜霄就从盆满钵满，跌落到负债千万。

　　而墨茉点心局，就是瑜霄顶着负债千万压力的再创业。

寻找 "蓝海"

"组合就是创新" 这句话，在瑜霄这里也是屡试不爽。"就比如说在芝士大受欢迎的时候，我就在想芝士吃多了容易腻，那么把芝士做得不腻是不是就会让大家更喜欢？所以我们把芝士和饼干的特点结合起来，像小零食一样，做成芝士条，让人吃得一根一根停不下来。" 后来这个想法形成了墨茉点心局的招牌产品——"超级芝士脆"。同样是招牌产品的还有"手工现烤麻薯"，因为严格使用最新鲜的时令食材为原料，这种几乎所有点心店里都有的传统点心，竟然也成了墨茉的招牌产品。

商场如战场，起伏让人唏嘘。经历过几次洗礼的王瑜霄，多少有点波澜不惊了。

点心行业是个传统行业，准入门槛并不算高，经年累月，这个行业早已是"红海"。但王瑜霄觉得在红海里也能找到蓝海。

办公室的白板上，满满地写着她读《蓝海战略》的笔记。"同一个事业，不同的人会用不同的逻辑来经营。比如日本的美发店，针对要求速度的男顾客，减去了洗头按摩的伪需求。一些健身馆放弃笨重的器械，注重为女性提供轻便的健身选择和私密的空间。所以，破局的关键在于了解消费者的需求，把新的需求释放出来，做到价值创新。"

"现烤逻辑""预包装逻辑""国潮路线"是王瑜霄分解消费者需求后，赋予墨茉点心局的"蓝海战略"。"供应链赋能门店，减少门店对人的依赖，是实现规模化的一大突破口。"王瑜霄与同事们这样分享她的蓝图。

在新中式糕点的竞争赛道上，同质化问题长期存在。为了实现差异化竞争，王瑜霄提出的口号是："还原食材本位，做中国好点心。"她把重心放在"二十四节气点心"上，让文化与时令食材形成呼应。产品的选料，比如椰子、芋头，都回归到产地直采，"希望能回到食材的本身去做"。

寻找食材是一个不厌其烦的试错过程。

↑ 2022 年 12 月，王瑜霄在办公室和同事们分享《蓝海战略》的读书心得。

2022 年秋天，为了找到口感最佳的芋头作为馅料，她带着团队四处访问，最后找到了湖南江永的槟榔芋。典型的喀斯特地貌让这里的土壤黏性大、护湿，长出来的芋头就富含水分，香味格外浓郁。

还原食材本位，不仅是对用料的追求，更是一种记忆的回溯。在王瑜霄看来，"儿时的味道，才是最本原的味道"。小时候奶奶用绿豆随意做的糕点，是不少人心头最温暖的味道。绿豆糕，也正是王瑜霄儿时对春天的印象之一。"春天嘛，就应该吃到春天的味道。做这些事，其实需要一个过程，大家不是马上就

有所感知的，"王瑜霄说，"但是慢慢地，你的用心会让人感受到不同，时间会沉淀一切的。"

年末，正值多个佳节临近，墨茉和藤编手艺人合作，用传统竹编，套装起一盒茶和一盒糖的伴手礼，希望传达的是竹编手工的温度与质感，传统民艺的回味与传承。她常用类似的活动，激发新的市场需求。这些努力，也回报颇丰，"我的第一家店第一个月的营业额就有 39 万元，最高的时候 40 平方米做 179 万元"，王瑜霄回忆道。2022 年，墨茉点心局获得了 6 次融资，总估值在近 30 亿元，部分单店估值甚至超过了 1 亿元，势头正盛。

墨茉点心局的母公司叫作壹城壹饼餐饮管理有限公司。"壹城壹饼，用一个点心覆盖一座城市。"带着这样的愿望，疫情三年里，墨茉点心局在长沙、杭州、北京、武汉开出 58 家店。回望初心，瑜霄觉得："未来我希望让墨茉走出去，让世界知道中国是有好吃的点心的。如果真的能为中国点心走向世界做一点贡献的话，其实赚多少钱对我来说真的不重要。"

"我很喜欢马斯克，我觉得能为人类作出贡献是特别牛的事情。我希望等我老了以后，和孩子们回忆人生的时候，也能有一个精彩的故事可讲。"

← 2023 年 4 月，王瑜霄在墨茉点心局（司门口店）制作麻薯。

→ 2023 年 4 月，王瑜霄在墨茉点心局（司门口店）向客人介绍点心原材料。

从 2020 年 8 月在长沙开出第一家门店，王瑜霄用了不到 3 年时间，就让墨茉点心局成为当地人耳熟能详的潮品地标。

在这期间，墨茉点心局的发展经历了一个曲线，先是赶上了新中式糕点潮流的风口，迅速扩张，后又经历了疫情期间的裁店裁员。虽然外界对于势头的下滑议论纷纷，不过墨茉点心局的着陆似乎比想象中要平稳得多。

经营走上正轨后，墨茉点心局又换了一套"新装"，王瑜霄称这套装修风格为"2.0 版本"。与原来空间感强的现代造型相比，2.0 版本加入了更多的中国元素：整体是以中国红为基调，再融入藤编的柜子、灯笼、书法挥墨的门帘等等，加上经典的藤编线条的狮子头标志，都给人以非常直观的中国风视觉。

除了装修风格更新换代，王瑜霄说，门店的销售模式也跟着升级，从一对一的推荐变成开放式选择，客人都是拿着托盘自选产品然后直接结账。从市场效果来看，开放的模式受到了年轻人的喜爱，自发探店的人也接踵而来。

聚焦

中式糕点业的风口吸引了不少人跃跃欲试，在王瑜霄看来，一个品牌的竞争力不仅仅是产品，"我觉得，未来竞争力还是来自企业文化"。疫情期间，墨茉点心局缩减了 20% 的人员，门店数量从 60 多家变为 40 多家。大刀阔斧的人员精简之下，王瑜霄成立了墨茉学院，专注建设企业文化。

在之前略显迅急的发展过程中，王瑜霄发现员工之间老是出现互相推卸责任、"踢皮球"等问题，而前中台和后台的矛盾尤为突出。"我们前中台的伙伴有时候气不过就会说，'我们在赚钱，你们在花钱，你们的福利待遇还比我们好'。"

为了解决这些问题，王瑜霄特意在墨茉学院的文化课堂上建立"一群人，一条心，做好一件事"的理念，定下企业管理的法则——搞得懂，不推脱，落地快，要求团队明晰责任，高效解决问题。通过反复地交流、学习，企业内部逐渐产生了微妙的变化，"像我们现在周六变成大小周，周六很多后台伙伴都自愿到门店去帮忙，以前就根本不会"。现在墨茉点心局留下来的，基本都是与公司有过"共患难"经历的老员工，安全感和向心力加强了不少。

在用人方面，王瑜霄也从高价外聘人才，改为更重视老员工的长期发展。"之前总觉得我们的短板可能花钱就能补足。现在我觉得除了花钱，更重要的是花时间了解身边的伙伴和员工，这样反而更容易在很多方面达成共识。没那么多内耗，也可能用勤奋弥补不足。"

用对人、用好人之后，王瑜霄最直观的感受就是没那么忙了。"我以前什么都要管，连中午的休息时间都没有，现在分工明确了，我就只负责整个供应链和研发端，所以我大部分时间就是到处吃、到处走，为研发新产品寻找灵感来源。"

时间充裕后，王瑜霄回归了研究美食的爱好，"懂得生活才可能懂得做美食"。上个假期，她请了几个属于管理层的督导到家里做客，"我给他们做了几个拿手菜，红烧鳝鱼、青椒炒排骨，现在吃时令的泥蒿——泥蒿炒脆骨，然后还有一个香辣蟹、一个汤、一个小菜，反正有七八个菜"。

"人还是应该松弛有度。"结束了忙碌的一天，她回到家中，冰箱里刚添了酒和饮料，她随手拿过一瓶，再打开音乐。"以前你哪有这些时间去感知这些，没有，只有工作。但是有时候适当的停顿才会激发更好的灵感。因为你整个人会在休息的过程中，变得更加敏感，上周日我就走了长沙几家咖啡店，在小巷子里感受长沙的另外一面。"

大环境复杂多变，但王瑜霄感觉暂时没有受到很大的影响。虽然整体的消费力下降，但是在墨茉店铺形象升级后，本地客户的黏性仍然带来了较为稳定的销售增长，"我们有的店的业绩已经超过了 2021 年创下的最高峰。比如国庆节，原来最高的时候，单月才 126 万元，现在已经单月 130 多万元了"。

↑ 2023 年 4 月，王瑜霄在墨茉点心局（司门口店）制作糕点。

她用"聚焦"来形容目前的状态："我自己的精力在聚焦，整个团队聚焦，管理也在聚焦。"墨茉点心局聚焦湖南后，发展的心态也由急变缓。门店的缩减换来的是效率的提高，整体盈利状况比较健康，也让王瑜霄更加坚定了之前做下的一些决策。"其实早期是一路狂奔甚至是裸奔的，根本没有太多时间去思考，现在还是奔着（中式点心）头部的目标去做好这个品牌，坚持长期主义。"

为了坚持长期主义，还要做些什么呢？之前王瑜霄曾构想过要建工厂，建立自己的中央厨房。但在实施计划前，她到烘焙协会了解了一圈后才发现，"整个中国烘焙行业现在最大的问题是产能过剩"，如果建工厂，人工、租金，所有的都是重复的。而参考美国的一些连锁品牌，他们也不建厂，而是建平台，交给代工公司加工。理清思路后，王瑜霄立刻转回对产品端和品牌文化建设的重视，而"现烤氛围"一直是墨茉点心局的主追求。"为什么消费者不去便利店买饼干而是要到你这里买芝士棒？最重要的理由就是现烤，添加更少、更新鲜，也更好吃。"

从推崇蓝海战略，迅速扩张，到放慢脚步，建设企业文化，王瑜霄总结出了自己的一套生意经。"这几年，我发现一个企业不能单纯靠融资，还是自身要有比较强的赢利能力；第二，外界一直变化，你的竞争对手可能都会等着看好戏。这个时候我反而专注修炼内功，让他们看不出来我们在干什么或是发生了什么变化。"

之前墨茉点心局因为网络传播迅速走红，有人觉得网红产品只会红极一时，慢慢地就淡了散了，无一例外。但王瑜霄相信，经过时间的沉淀，墨茉点心局能从一个网红品牌变成 8 年、10 年的老品牌。"没有必要刻意去回避（网红的问题）。我们经常讲一个品牌早期需要有'匪气'，要破圈、出圈，让别人知道你、认识你。而到下一个阶段，就需要有书生气，富有文化底蕴。"

王瑜霄一边摸索，一边向他人借鉴。读了胖东来的企业发展史之后，她特意跑去胖东来感受了他们的氛围。"他们真的就是让爱的文化渗透企业，学会爱自己，爱别人，包括爱员工。一个胖东来让所有人重新认识许昌，这是一件很了不起的事情。"而她对墨茉也保持同样的期待，"做一家规模大的企业，不如做一家受人尊敬的企业"。

王瑜霄的"时代纪录　三十六问"

1. **如果你可以和世界上任何人共进晚餐，你会选择谁？**
   新加坡总理李显龙。

2. **在打一通电话之前，你会排演在电话中说什么吗？为什么？**
   看什么电话，重要的人会排演一下。

3. **你认为最完美的快乐是怎样的？**
   该奋斗的年龄有目标，该享受生活的年龄不焦虑。

4. **如果你可以活到 90 岁，并能在 30 岁后让体态或者大脑其中之一一直保持在 30 岁，你会选哪个？**
   大脑保持 30 岁。

5. **你最希望拥有哪种才华？**
   识人和用人的才华。

6. **你认为自己最伟大的成就是什么？**
   是成就了一个良好心态的自己。

7. **何时何地曾让你感觉到最快乐？**
   今年我觉得特别快乐，好像突然明白了人生的活法。

8. **你觉得最奢侈的是什么？**
   用不完的时间。

9. **你最糟糕的一段回忆是什么？**
   和最好的朋友价值观产生偏差，导致越来越疏远。

10. **你的人生中是否有过非常尴尬的时刻？**
    好像没有，印象不是特别深刻。

11. **你上一次在别人面前哭是什么时候？在自己面前哭是什么时候？**
    在别人面前哭是去年的生日，很少会在自己面前哭，感觉一个人的时候都很坚强。

12. **有什么事情或者人是绝对不能开玩笑的？**
    自己尊敬的人或者敬畏的事。

13. **如果你知道你一年之后会死去，你会想改变你现在的任何生活方式吗？为什么？**
    不会，因为我觉得现在的生活就是我自己的，有值得奔赴的事业、喜欢的人、熟悉的朋友和健康的家人。

14. **你最珍惜的财产是什么？**
    品牌资产。

15. **你最恐惧的是什么？**
    失去决策的自由。

16. **你最痛恨自己的哪个特点？**
    太感性。

17. **你最痛恨别人的什么特点？**
    太斤斤计较。

18. **你人生到目前为止最大的教训是什么？**
    早期创业时不够聚焦，很容易同时想做多件事情，当时做零售时，也没有敬畏精神，觉得什么事都很简单，同一个时期我做了眼镜品牌、帽子品牌、行李箱品牌、睫毛嫁接品牌、茶饮品牌，而且全部是跨品类，导致我做帽子品牌的时候没精力聚焦。做帽子把我之前所有的积蓄都亏完，还让我负债千万，现在想来，做事情不够聚焦是我最大的教训。

19. **你对自己外表的哪一点不满意？**
    头发。

20. **你认为自己的哪种美德是被过高评估的？**
    好像没有过高评估的。

21. **你最喜欢的职业是什么？**
    现在的职业，墨茉点心局创始人。

22. **你使用过的最多的单词或者词语是什么？**
    双向奔赴。

23. **你这一生中最爱的人或东西是什么？**
    家人；自己建一个梦想中的房子，有大

大的落地窗和院子。

24. 你最后悔的事情是什么？
    帮朋友代持股份。

25. 如果你可以改变你家庭的一件事，那会是什么？
    改变我家人的认知。

26. 你希望以什么样的方式死去？
    自然地死去，最好是在睡梦中。

27. 人生中你最感激的是谁？
    父母。

28. 还在世的人中，你最钦佩的是谁？
    李显龙 / 孙燕姿。

29. 你最喜欢女性身上的什么品质？
    独立。

30. 你最喜欢男性身上的什么品质？
    笃定。

31. 你觉得哪一个年龄段是人生最好的阶段？

35—45 岁。

32. 当钱不是问题时，你最想要过的理想生活是怎样的？
    能帮助更多的人，做自己喜欢的事。

33. 除了工作，你最大的爱好是什么？
    旅行。

34. 你的人生是否依然有梦想？这个梦想是什么？
    弘扬中国民艺文化，让世界爱上中式点心，希望未来 5—10 年，我们中国品牌走出去时也能像当年海外品牌进入中国时一样自信。

35. 一生中你有没有不变的信条或者座右铭？
    穷则独善其身，达则兼济天下。

36. 在你面前，未来是一幅怎样的图景？
    充满希望和挑战，未来就像一匹训练有素的黑马，飞驰在大草原，从容而又坚定，快乐而又自由。

李榕南

彭博财经全球数据战略合作首席执行官，花旗国际战略合作部原副总裁，哈佛商学院 2016 届 MBA 毕业生。

我不相信
直觉

并行任务的高手

早上 4 : 30，彭博财经的新闻播报总是李榕南起床的背景音。

2015 年，她的一页纸创业计划让 Paypal 副总裁亲自约见。她当时宿舍的窗帘是一面中国国旗，"老外总拿国旗挂来挂去的，我们的国旗也挺漂亮的，为什么不能挂？"

微信上，她在自己的名字后面加上"先生"二字。"父母是做教育的，小时候总是和各种教书先生打交道，我希望成为他们那样的人。"

"平时我有个习惯，越讨厌就越关注，我不相信直觉，我要知道自己为什么讨厌。"

再次见面已过 4 年，下午 5 点下班后，她赶到纽约中央火车站。33 分钟的时间，从曼哈顿办公室回到她在西切斯特（Westchester，纽约东南部的一个县，克林顿夫妇退休后定居的地方）的家。

"让你看看纽约的上班族是如何通勤的。"那是 2019 年，在火车上，她一边朝里挪着座位，一边笑着说。

这就是她当时的日常生活，每天在两个地点之间搭火车来来回回。好在花旗银行的工作很规律。这样她可以很好地安排自己的时间，照顾好家庭，照顾好孩子。加班的工作都安排在了晚上 8：30 之后。

一下火车，母亲已经开着 SUV，在车站外等候了。谈到母亲的帮助，榕南总是非常感慨："要是没有我妈，我现在的生活肯定就是一团乱麻了。我妈在家我就特幸福，有人帮我一起带孩子。我还请了一个保姆，所以在家我从来都没有做过家务，有一天水杯掉地上了，我拿着拖把拖了一下，结果引起了全家的轰动，我老公来看、我妈来看，后来我女儿也好奇地来看。"

和一般中国家庭不同的是，榕南对母亲一直都是直呼其名，母亲对此笑着说，"她就是这样，我们也没办法。从小到大，我们都听她的，她的话对我和她爸来说就是圣旨，她说了点啥，我

和她爸就会相互递话说，赶紧赶紧，圣旨到了！"

在西切斯特的家，她把 Wi-Fi 的密码设为 "Castle"。这是一栋有近百年历史，极具都铎风格特色的石头房子。

深褐色的石头，堆砌着雉堞，轮廓上还跳动着塔楼，烟囱呈凹凸起伏的形状，俨然一座城堡。房子后有花园小径，从家里的后院就可以上山。是孩子游乐的好去处。

榕南给女儿起的中文名为子尚。子，古代对有道德的人的尊称；尚，姜太公名尚。她希望子尚以后是个有谋有德的人。

子尚有一头金色的卷毛，眼睛大大的，有种混血儿特有的灵动。几乎和天下的父母一样，榕南有一张围绕着子尚的时间表。她希望把最好的教育、最好的陪伴都留给子尚。在教育中，她尤其重视对子尚的中文教育。"现在给子尚安排的是三天英文课、两天中文课，给她买了一堆金庸的书，我希望她可以认真地学好中文。中文实在太重要了，每次我们吃中餐、过中国节日，我们都会抓紧时间向子尚灌输中华文化，建立她对中国的文化认同。这些软实力我觉得最重要，要为以后做一个'共产主义接班人'做准备。"榕南笑着说。

那时花旗银行的工作和对子尚的教育已经占据了她绝大部分的时间。但是榕南仍然还有自己的爱好和创业要去尝试。所以她格外注重工作、生活、学习之间的平衡。

记得曾经有一篇文章写到当代女性如何被逼成为多线程任务并行的高手，榕南可能算是其中的一个代表。在一个经济下行的时代里，作为花旗银行国际战略合作部的副总裁，她一直在思考着如何设计更稳定的投资产品，让客户的资金可以在一个相对

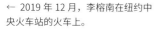

← 2019 年 12 月，李榕南在纽约中央火车站的火车上。

→ 2019 年 12 月，李榕南在她西切斯特的家门口。

安全的环境下保值和升值。聊到这一段的时候，榕南不自觉地一边聊着一边单手用拇指按动其他手指的关节，左右开弓，咯咯作响，那是一个她从小养成的思考时的习惯动作。

　　榕南业余时间还和朋友一起成立了"Cassie & Carmen"首饰设计工作室，产品曾入选纽约首饰周。她在设计首饰的时候，往往给一件主题首饰配上一首自己写的歌，希望用这种交叉艺术的形式，让自己的作品更有生命力。买一个首饰回家，也就代表着有一首歌，会一直伴随着你。

　　工作繁忙、爱好众多，女儿的教育又是每天的"必修课"。所以，效率这个词语对她来说就格外重要。在处理多线程任务的同时，她也没忘了自己的日常学习充电。

　　她学习的方法也有趣，"我现在每天晚上都会腾一个小时的时间'连麦'学习。就是在 Facebook 上面，randomly（随便）找几个人聚在一块，大家打开一个（虚拟）会议室，然后打开自己的麦克风，插上耳机，就好像是一个自习教室一样，安安静静的，但是偶尔又可以听到彼此的呼吸声、咳嗽声，有的时候偶尔

　　↖ 2019 年 12 月，李榕南和女儿子尚在家中。

　　→ 2019 年 12 月，李榕南在家中教女儿中文。

有几个人随意地交流了几句。这让你感觉自己好像进入了一个图书馆的空间。大家都在安静地各自学习。在这样的氛围里，你很容易静下心来，有一种学习的紧迫感，可以提高学习效率"。榕南手舞足蹈地形容着连麦学习的感受，感觉像是发现了新大陆一般。"现在这个可火了，"她接着说，"在 Facebook 上面，连麦学习已经成了一个潮流，还有人连麦工作、连麦睡觉。连麦睡觉就是在社交网站上面不认识的两个人、随意的两个人，在睡觉的时候打开了彼此的麦克风和耳机，然后听着彼此的呼吸进入梦乡。现在这些都特别火。"

在家吃饭的时候，榕南习惯性地站着。"我们家吃晚餐都不上餐桌的。这样可以争取少吃点，也吃得快一点，保持健康，维持体形。"健身一直是榕南每个月最大的开销。"我每个月在私教

上花费最多，"她说，"我喜欢撸铁，无氧（运动）为主，有的时候再上点有氧（运动）。保持健康和身材实在太重要了，你知道吗？现在我看福布斯还有什么其他杂志，动不动就公布一个什么'30 岁以下的 30 人'，看看上面的名单，好多人都认识，不是同学就是朋友，再过两年就到了哈佛商学院五周年 reunion（重聚）了，我都不知道我以什么样的状态回去。"她打趣地说："我就只能争取'100 个 100 岁以下的企业家'这个称号了。所以现在在自己健康上下的功夫最大，花的钱也最多。"

虽然在花旗银行工作有一份相当不错的收入，但是榕南依然觉得钱不够花，每个月发的工资轻轻松松就全用完了，影子都没看见。

"在纽约开销实在太大了，养孩子、上培训班、锻炼、吃喝拉撒，加上一点旅游，各方面的开支，花钱是你想象不到的快。所以在纽约，要是看见谁有三个孩子，那就默认他（她）一定是个富豪。现在哈佛的同学们聚在一块，你会发现话题其实也差不多，谈得最多的，都是养孩子、收入、健身这些事儿。"

榕南在哈佛校友圈里相对比较活跃，加入了几乎所有能够参加的校友组织。"每天在我邮箱里都有一大堆各种各样的校友会资讯。在这个上面我还是愿意花钱的。因为信息对称很重要。"

从哈佛商学院毕业后，榕南先去了美国运通，在那儿做首席战略官。听着好像位置挺重要，但是其实工作起来都是在论证别人的观点，自己很少有具体决策的权限，所以工作了一年多之后，榕南就从那儿退出了，到了花旗银行。她觉得花旗银行有一个完全不同的工作氛围，极大地培养了自己的耐心，因为在花旗一年只需要完成一个合约就可以了。但是围绕着这个合约，会衍生出来无限多的可能性。每一个可能，都是一场小小的战斗。在这个过程当中，可以很好地培养自己在金融领域的综合能力。

"李榕南还是有一点儿粗枝大叶的，做什么事情都是大线条，他先生不一样，非常细致、非常谨慎。"榕南的母亲这样评价榕南和榕南的先生。

↑ 2019 年 12 月，李榕南和母亲一起在她先生的精酿酒吧里。

榕南的先生开了一家啤酒精酿工坊。从最初的爱好到这个领域的专家，她先生也投入了五年的时间，现在榕南先生酿造的啤酒获得了纽约西切斯特区第一名的好成绩。他的精酿啤酒也开始销往世界各地。

在家中的地下室，摆满了她先生精酿啤酒的各种罐装设计样品，如同啤酒的口味一样，丰富、绚丽。"做啤酒可花钱了，我们家现在是家徒四壁啦，什么值钱的都没有，最值钱的可能就是两个女儿了。"在参观地下室的时候，榕南介绍说。我看见地下室墙上挂的画作很特别，就问是谁的作品。她说："哦，那个是

毕加索的。""是原作吗？"我问。"嗯，是的，是原作。"她答道。

循着她先生酿酒的足迹，又去了她先生的精酿酒吧。榕南指着那些精酿设备如数家珍，因为那些酿造设备都是她陪着先生一件一件在中国挑选和设计制造的。

↑ 2023 年 5 月，李榕南在纽约公园大道彭博财经办公楼的培训教室里。（上页图）

→ 2023 年 5 月，李榕南在纽约公园大道彭博财经办公楼的会议室。

下一次启程

2023 年，李榕南已从哈佛商学院毕业六年多，她慢慢沉淀出了一点感悟，"哈佛给了我重设人生的机会，那两年的训练让我不停地把自己放在 CEO 的角度上去想事情，也会接触到很多大佬，消解了那种仰视感"。

2022 年 3 月，榕南告别了花旗银行副总裁的职位，前往彭博财经负责全球数据战略合作。"花旗的金融产品比较对内，我比较喜欢对内和对外都兼顾，这样有行业的上升空间。我也想参与建设一个公司，承担更多的责任，我更想做的是 CEO。"

彭博财经的工作需要她有更好的市场前瞻性，有全球化格局，面对繁杂事项她已经开始逐步应对自如："我们（彭博财经）具备在市场上的领先地位，很多时候是领导着整个市场变化的，（我们数据业务）要看到的不仅是合作方内部的事情，而且是整个金融数据行业的发展方向。"

从中学开始，每天早上 7 点，榕南都会打开收音机一边听彭博财经，一边洗漱整理。这次获得彭博财经的工作机会，也算是"念念不忘，必有回想"吧。

从家到办公室，单程的通勤距离需要一小时左右。但是早上 7：30，李榕南便已坐在办公桌前，开始了全天的第一场会议。她负责的是全球数据战略合作，在纽约有三个办公室，每天的会议日程都是满满当当：上午，欧洲区；中午和下午，美国区；晚上，亚洲区。每天处理大量合约，面对错综复杂的利益关系，对接全球各地喷涌来的产品和数据。

"我老板说，我是一个天生的领导者，是个 fearless leader

（无所畏惧的领导人）。"榕南接手这个新工作不久，团队有9个人，都是年长于她不少的资深从业者。亚马逊、谷歌、微软……面对上千家合作公司，市场并没有留给她那么多时间从容应战，所以在团队管理上，她化繁为简、抓大放小，偶尔也会横冲直撞。"我觉得人和人之间是平等的，如果有异议，就直接指出来。如果你觉得这种方式是不恰当的，那对不起，我觉得你和时代脱节了。每个人的风格是不一样的，我们应该接受多元风格的领导者，不该停留在刻板印象里面。"

在李榕南看来，自己的工作就是"全球吵架"，几乎一天要"吵"30场左右，大脑一直处于飞速运转的状态。通过谈判，把合作方从竞争对手手里抢过来，是让她倍感幸福的时刻，也是她最为自信的能力之一："很多合作，只要经我的手，都会上一个台阶，只要给我一个月的时间，基本都会有很大的进步。"

人工智能时代，让李榕南对未来的前景有了更多期待："（彭博财经的）数据只会越来越多，优化只会越做越好，还包括团队研发的最新算法，最前沿硬件，等等。我们的定位就是要卖最好、最贵的数据产品。上帝给了我一副牌，我有能力尽量达到最好的组合。"

李榕南给自己起的英文名是 Carmen（卡门）。在梅里美的笔下，卡门是一个容貌美丽、性格率真、敢做敢为的吉卜赛女郎。在花旗银行工作的时候，她给人感觉还没有那么明显，这一次，到了彭博财经的榕南，人如其名。

谈到对事业和家庭的平衡，李榕南毫不犹豫地给自己打了满分。

只要在纽约，她每天会留出至少两个小时陪伴两个女儿，做到不缺席孩子的成长。到了周末，榕南会尽量陪伴孩子们。但也常常会出现这样一幕：两个女儿在后院花园里欢快嬉闹，她在一旁抱着笔记本电脑处理工作。

"我对自己的投入几乎是零，除了每天半个小时锻炼。其他业余时间都是陪孩子学习和生活，家务上的事我是不花什么精力的，比如今天吃什么，比如买衣服，我都是一个季度买一大堆。"李榕南笑着说，在紧锣密鼓的节奏中，她可以算是从容了。

不过，这份从容，单单靠她一个人的付出显然是不够的，也包含了她先生的支持，其他家人的付出，毕竟，结婚到现在，她只洗过一次碗。

中国石油期货前景：
亚洲定价新基准？[1]

Milan Kratka（芝加哥 AOS 期货公司 CTO）

李榕南（彭博财经全球数据战略合作首席执行官，纽约花旗银行原副总裁）

中国是世界第二大原油消费国，每天消耗量超过 1 300 万桶。2018 年初，国内首个国际化期货品种原油期货正式在上海国际能源交易中心挂牌交易，成为国内外的焦点。这个以实物结算的期货合约有可能成为亚洲石油市场定价的新基准吗？

众所周知，这并不是国内第一次尝试：1992 年南京石油交易所推出石油期货，1993 年上海石油交易所推出原油期货，总体交易量第二年就超过新加坡。但是由于当时的风险管理问题，这些期货产品最终被停止交易。

这次，如果原油期货想要成为亚洲石油定价的新基准，该合同需要成为其他石油产品定价的基础。原油期货的价格发现过程必须公平，并且具有高度的流动性。在此之上，市场也需要有其他和该产品相关联的对冲工具和金融衍生品，从而做到定价具有前瞻性。

原油期货第一次到期的合约有 60 万桶，相当于两个船舱（cargo）。这个量约为国内每月消费量的 0.15%——可以说是小到可以忽略不计。然而未来两个月的持仓数据表明交割规模更小，前景看起来并不明朗。

小额未平仓合约、较小的交割规模和

1　原载于财新网，来源：opinion.caixin.com/2018-10-26/101339228.html。

不高的交易量，都表明真正的价格发现发生在上海国际能源交易中心之外的地方。这也意味着原油期货的结算价格很容易被不法分子所操控。但凡有人有能力交付或接受少量石油交付，就可以极大影响其价格。同时，较小的成交量也说明市场上大多数成熟的机构并未参与这个产品的交易，也无法在到期合同中监管价格。

世界上大多数国家和机构都通过月度石油掉期交易来购买石油。每月石油掉期最终结算到整个月的每日期货结算的平均价格，这大大降低了对日常价格波动的敏感度。掉期估值与期货估值息息相关，其波动性随着到期时间的推移而减少。

上海国际能源交易中心的原油合约要满足以下四个条件：1. 交易所——提供公平和自由的交易环境；2. 有效监管；3. 完整的产品组合；4. 完整的市场参与者。

1. 交易所

上海国际能源交易中心 2018 年初已开业。交易所有一个流动合约，但由于几乎没有石油交付，价格或多或少与实体市场无关。交易商一般参考欧洲布伦特原油、美国 WTI（西得克萨斯轻质原油）和中东阿曼油价来做交易，它本质上是昂贵的零和游戏。交易所的技术准备还需完善。例如，交易所暂时无法支持日历价差，日历价差是流动性提供商必用的产品。这样流动性提供商才能有效地报出商业公司所需的整个曲线中的价格。

2. 有效监管

国内的监管机构对处理市场有自己的方式方法，但有一些特有国情使国外公司很难参与其中。主要的一个是货币浮动的政策。例如，100 万桶原油需要大约 5 亿元人民币，这对于国外公司人民币储备要求很高。如果没有浮动汇率，上海国际能源交易中心的潜力可能无法实现。

第二个忧虑是监管机构处理市场波动的方式方法。虽然国内股市在 2015 年出现调整，监管机构认为指数期货是引发暴跌的原因。作为回应，中国金融期货交易所限制了每日交易量。所有外国公司都想知道：当原油价格飙升并达到每桶 1 500 元时，监管机构将采取什么措施？国内市场的操作风险不明确性比较高，市场参与者可能需要经历另一个不稳定的时期才能慢慢对国内监管机构的方式方法熟悉起来。

3. 完整的产品

现有的以实物交割的期货只是成功的第一步。正如我们前面提到的，日历价差的上市至关重要，它能允许流动性提供者在整个石油曲线中提供有意义的连续报价。所以，推出平均价格合约——掉期合同——应该是下一个重头事项。另外，当掉期与关联期货对冲时，保证金信用额度应该也随着风险降低而调整。有效的保证金制度会使得流动性提供商提供更准确的报价。买卖价差小的市场也将吸引更多客户与市场参与者。推出掉期合约是吸引商业客户的最简单直接的途径。

除了掉期之外，交易所也应该考虑期权产品。期权是买方和卖方必不可少的非线性套期保值工具。它们提供非线性的保险功能。如果没有强大的期权市场，交易所很可能只处在一个二级石油市场。当然，推出全套的石油金融产品并非易事，需要交易所的大量投入支持。

4. 完整的市场参与者

完整的参与者包括交易所本身和服务提供商，国内和国际参与者，商业和金融，上游和下游，做市商和价格接受者，银行和基金，机构和个人投资者。但是在石油市场，参与者还没有完全到来。交易所应和各个参与者合作，听取意见想法，让大家共同来建设一套完整的、符合国内行情的措施。与此同时，交易所也需要继续完善技术支持，并参考其他交易所的激励流动性的机制。

这不是单纯金钱或资源的问题，而是像 NASCAR（美国全国运动汽车竞赛协会）的比赛一样：需要聘请最好的赛车手、辅助团队、良好的引擎以及其他好的赛车配件才能保持竞争力。一旦万事俱备，那奖杯和赞助商就都会不请自来。我们都对石油期货抱有深切的厚望。希望一步一脚印，不负使命。

李榕南的"时代纪录　三十六问"

1. **如果你可以和世界上任何人共进晚餐，你会选择谁？**
   很久没有见到的亲人、同学和朋友。

2. **在打一通电话之前，你会排演在电话中说什么吗？为什么？**
   不会，正常聊天就可以了。

3. **你认为最完美的快乐是怎样的？**
   身体健康的时候能做自己当下想做的事。

4. **如果你可以活到90岁，并能在30岁后让体态或者大脑其中之一一直保持在30岁，你会选哪个？**
   身体，因为大脑慢慢老去问题不会很大。

5. **你最希望拥有哪种才华？**
   过目不忘的本领。

6. **你认为自己最伟大的成就是什么？**
   没有觉得自己有什么伟大的成就。

7. **何时何地曾让你感觉到最快乐？**
   听到好听的歌、看到好看的风景、跟朋友聊天都很快乐。

8. **你觉得最奢侈的是什么？**
   放空，浪费时间。

9. **你最糟糕的一段回忆是什么？**
   没有什么特别糟糕的回忆。

10. **你的人生中是否有过非常尴尬的时刻？**
    小时候尿裤子。

11. **你上一次在别人面前哭是什么时候？在自己面前哭是什么时候？**
    好像至少20年没在别人面前哭过了，在自己面前看到什么感动的事情就可能会哭。

12. **有什么事情或者人是绝对不能开玩笑的？**
    Moral value，人性的底线问题。

13. **如果你知道你一年之后会死去，你会想改变任何你现在的任何生活方式吗？为什么？**
    会帮家人去规划一些事情。

14. **你最珍惜的财产是什么？**
    没有。

15. **你最恐惧的是什么？**
    家人生病、世界大战。

16. **你最痛恨自己的哪个特点？**
    没有。

17. **你最痛恨别人的什么特点？**
    不善良，霸凌别人。

18. **你人生到目前为止最大的教训是什么？**
    没有什么特别大的教训。

19. **你对自己外表的哪一点不满意？**
    都很满意。

20. **你认为自己的哪种美德是被过高地评估的？**
    说我情商很高感觉有点过高评价了。

21. **你最喜欢的职业是什么？**
    任何能解决问题的职业。

22. **你使用过的最多的单词或者是词语是什么？**
    机会或者机遇。

23. **你这一生中最爱的人或东西是什么？**
    家人。

24. **你最后悔的事情是什么？**
    没有后悔的事情。

25. **如果你可以改变你的家庭一件事，那会是什么？**
    没有什么想改变的。

26. **你希望以什么样的方式死去？**
    自然地老死。

27. **人生中你最感激的是谁？**
    我的母亲。

28. 还在世的人中，你最钦佩的是谁？

有 positive influence（正面影响力），能改变世界或者能改变人类历史的医学家、发明者。

29. 你最喜欢女性身上的什么品质？

善良和坚韧。

30. 你最喜欢男性身上的什么品质？

善良和坚韧。

31. 你觉得哪一个年龄段是人生最好的阶段？

每个年龄段都是当下最好的阶段。

32. 当钱不是问题时，你最想要过的理想生活是怎样的？

家庭和事业平衡的生活。

33. 除了工作，你最大的爱好是什么？

运动。

34. 你的人生是否依然有梦想？这个梦想是什么？

有，没那么远大，比较近一点，事业或其他方面还是有些我觉得可以实现的事情。

35. 一生中你有没有不变的信条或者座右铭？

没有，就是尽自己能力做点合适自己或对自己有意义的事情。

36. 在你面前，未来是一幅怎样的图景？

在大环境面前，每个人都非常渺小，未来世界的图景我看得不清楚，所以自己的这幅图景也看得不是很清楚。

张璐

硅谷投资人，斯坦福大学材料科学工程学院硕士，"Fusion Fund 创始合伙人，"投资项目包括 SpaceX、Lyft、MissionBio、Grubmarket 等，美国《福布斯》「30 Under 30」榜单人物。

创造财富的同时，
改变世界

硅谷观察

2018 年时在她的办公室与她见面，地址就在斯坦福棕榈大道旁边一栋独立的小楼，步行可达。我早到了点，便在门口等她。不一会儿，见到远处，她还是穿着一袭风衣，和同事聊着天，款款而至，像是一个邻家女孩。进了办公室，她似乎开启了另一个模式，4 年的时间，似乎没有什么变化，一如既往地思维敏捷、快人快语、雷厉风行。

当时仅 29 岁的张璐，光环众多：首个当选福布斯美国"30 Under 30"（30 位 30 岁以下精英榜）风险投资行业主题人物的华人，T&C〔（《Town & Country》（《城里城外》）杂志）〕全美 Top 50 现代影响力女性唯一华裔，2018 年硅谷商业周刊"硅谷影响力女性"，"2018 全美十大华人杰出青年"，达沃斯世界经济论坛 2018 年"全球青年领袖"。

当时的张璐已创办并管理早期风险投资基金 Fusion Fund 三

年多的时间，已投资超过 50 家美国科技创新企业，基金规模 1
亿多美元，IRR（内部收益率）位列行业前茅。张璐是一个典型
的 "deep thinker"（沉思者），毕业于斯坦福大学材料科学工程
学院，拥有多项技术专利，硕士毕业那年卖掉了自己创办的医疗
器械公司，转身成为投资人。她不爱社交，不投模式创新，投资

↖ 2023 年 7 月，张璐和爱犬开普
勒在帕罗奥图（Palo Alto）的家中。

→ 2015 年 3 月，张璐在哈佛商学院
亚洲论坛，斯潘格勒中心（Spangler
Center）负一层演讲厅外。

组合集中于"To B"的科技创新领域，尤其在医疗行业下重注，并形成了自己一套鲜明的投资逻辑。

"女性投资人在硅谷不多，有人说女投资人意味着'天然风险'，其实做过创业公司的女投资人在判断上有独特优势。"做早期、高科技、找有洞察力的创业者，是她的投资法门。

在甲子光年的访谈中她被问及：怎么看"To B"和"To C"的区别？她说：逻辑不同，竞争策略不同，造成投资策略也不同。"To C"市场，用户不一定理性，理念、设计等很多因素会打动用户，价格战也有用，所以某种应用有可能快速崛起；但"To B"不一样，客户是公司，一考虑预算，二考虑技术质量。你能给 IBM 补贴让它去用你的产品吗？不可能。如果你的服务技术质量过不了客户的门槛，成本再低客户也不会买单。所以"To B"要非常了解"To B"的生态，理解游戏规则里有几个玩家、几个决定性要素。

"每个人都有思维局限性，我从来不看社交消费升级，也不给别人反馈意见，虽然我有自己的理解，但我觉得我没有资格去提供判断，因为研究不够深入。我关注科技是因为我的技术背景

← 2018 年 11 月，张璐在她位于斯坦福大学附近的办公室，在她身边的是她的基金所投企业的标志展示。

↗ 2018 年 11 月，张璐与同事交流。

和行业经验相对多，另外也是因为数据的力量。我们基金成立之初就开始建立自己的数据库，一方面做自我数据监控，一方面也做行业发展数据库。我们会去观察创业者的走向。有意思的是，我们发现一些火热的风口，越来越少的创业者往里走，反倒是一些刚刚起来的行业，基数不一定大，但越来越多人在加入。这对我来讲是一个很好的参考，当一个行业有越来越多优秀的人往里涌，机会可能就来了。但有些时候大数据不一定就能指明未来的方向，大数据只是对线下的一个反映。"

创新的周期性是"基础技术创新——技术应用创新——商业模式创新"，前两步造蛋糕，最后一步分蛋糕。当蛋糕分无可分了，下一步当然是得重新技术开荒。这是一个螺旋上升的过程。在这种历史的螺旋式上升规律里，识时务者为俊杰，一定要顺势而为。

"2014年商业模式创新开始进入瓶颈期，那时资本喜欢投的都是商业模式创新、分享经济、社交、marketplace（市场），当一个概念有上百家一样的公司涌出来，就已经到饱和期了。2015年开始独角兽公司扎堆，当时独角兽公司一年有85个，我就觉得这是个问题。我的合伙人的公司在零几年做独角兽的时候，一年才十来个独角兽公司。整个市场的资产容量是一定的，那么多独角兽，谁给它们钱？这是最现实的问题，一半的公司融不到钱都得死。到了 2016 年，很多公司开始陆续死掉。很多曾经很火热的独角兽很尴尬，也退出不了，这就是市场的软性调整。"张璐说。

（注：以上部分文字节选自甲子光年访谈。）

AI 时代

"我觉得三年前奇点就到了。"2023 年年中，在硅谷的一家日本餐厅，谈起雷兹库尔定义的奇点，张璐这么说。在雷兹库尔的概念里，技术的发展会经历漫长的沉寂期，在这个阶段里，技术以基础研究为主，发展缓慢，平淡无奇。但当所有的技术沉淀到一定阶段之后，在他称为"奇点"的某个时段，会出现革命性的新技术、新突破频繁涌现的现象。站在未来的某个时点回看今天，会发现我们身处奇点之中。历史或许应该对 2023 年有一个特别的定义，这一年，改变人类的革命性新技术层出不穷，可控核聚变、ChatGPT、常温超导、攻克癌症、基因药物、自动驾驶……如同凯文·凯利所说，"未来已来，只是尚未流行"。

随着 OpenAI 创始人萨姆·阿尔特曼发布了 ChatGPT API，AI 产业明显感觉整体提速。尤其在中国，关于 GPT、大模型，各类研究、各种应用层出不穷，关于 AI 将要替代人类的讨论也是热火朝天，一时甚嚣尘上。张璐对此不以为然："我最不喜欢听到的论断是人工智能会与人类竞争，甚至替代人类。人工智能本质是一种工具，能提高人的工作效率，但与人相比还差得很远。因为人类除了意识以外，还有非常多的潜意识。比如一个三五岁的小朋友，他形成世界观、价值观的时候，需要给他大数据去训练他吗？不需要。他可以由一点很有限的数据认知这个世界，我们人类的潜意识有非常大的运算能力。像美国的 FBI 和 CIA 有专

↑ 2023 年 4 月，张璐在帕罗奥图的办公室。

门的训练项目，训练特勤人员的潜意识判断能力。人工智能还远没有到达这个水平，它学习的速度是有限的。"除了潜意识的区别以外，张璐认为在数据生成上，人类和 AI 还是有质的区别的。人类是有创造性的，每天都在生成新的数据，而 AI 则不行。但是对于 AI 而言，这是新的养料，可以让人工智能更智能地应用人类的数据。

两年前，张璐投资的几家医疗公司就开始与 OpenAI 合作，经历了几个"WOW moment"（惊喜时刻），她看到了一些可以变现的商业场景。"OpenAI 毫无疑问是革命性的，像是制药、医疗影像、金融、物流和供应链这些行业，只要有高质量的数据库，就非常适合人工智能的应用，生产率有可能会以几何倍数提高。"

在她的 AI 公司投资清单里，Huma.Ai 公司比较典型。这家公司的客户都是辉瑞、诺华这样的药厂。应用场景就像谷歌的搜索框一样，科学家可以基于自己的药品设计和药厂的数据库，应用大语言模型把临床试验最精确的答案事先就找出来。甚至还可以直接问这个新药的并发症会有哪些，AI 可以直接给出答案。

同理，这样的应用场景在金融类公司中也会发生，基金的分析师可以直接使用 AI 生成过去几个月期货的报告，这个报告会是基于基金内部的数据和外部的公共数据而形成的，省却大量繁重的人工。

张璐觉得，这一轮的 AI 技术变革，最重要的就是让零代码、零背景的人也可以便捷地使用人工智能。技术最大的福利是平民

↓ 2023 年 7 月，张璐在家中院子里读书。

化、低门槛。这就像是最开始有电脑的时候，每个人都必须自己编写程序才能使用电脑一样。直到后来，人们不需要知道程序的代码是什么，但是都可以便捷地使用电脑。在后 AI 时代，"科技公司创业的核心并不是创始人有多懂人工智能，因为人工智能的 API 都可以直接拿来用了，更重要的是要掌握行业专属的数据，用数据重新训练人工智能模型，这才是最大的竞争点"。

创新使命

2023 年，张璐入选 Business Insider[1] 美国 Top 30 女投资人，之前张璐被达沃斯选为全球青年领袖，入选美国福布斯"30 Under 30"风险投资领域主题人物、"硅谷影响力女性"等，能在这个曾经以平均年龄 45 岁白人男性为主的硅谷投资圈中脱颖而出的亚裔女性，确实凤毛麟角，张璐就是其中之一。

在张璐的认知里，放眼全球，华人在人工智能领域的影响力是非常大的。她接触过很多国内优秀的人工智能公司，她觉得在做应用的层面上，中国的企业家是非常先进的，不仅思维非常活跃，对技术的理解也很深入。

张璐创始的风险投资公司 Fusion Fund 坐落在硅谷的中心帕罗奥图，毗邻斯坦福校园。对硅谷的投资环境，她这么评价："为什么硅谷能做成一个创新生态圈？还是回到创新的本质，就是硅谷可以原谅失败，善于鼓励创新。"以 SpaceX 为例，Space X 在技术层面上，其实继承的都是美国航空航天局 NASA 的技术。但 NASA 没有做成的原因是，它不能允许失败。中小企业、初创企业最大的优势就是可以失败；犯错之后还可以继续犯错、继续成长，然后最终探索出新的可能性。

1　美国知名财经媒体《商业内幕》。

Fus
Fun

↑ 2023 年 4 月，张璐在办公室附近的餐厅等待友人。

"目前为止的投资生涯里，你觉得自己做的最好的投资是哪一笔？"

"SpaceX。"张璐回答得干脆利落，不假思索。

2020 年，SpaceX 成为第一家将宇航员送入太空的私人公司，获得了巨大的关注，也开启了商业公司探索太空的新纪元。但早在 2017 年，Fusion Fund 就已经成为它的投资人之一。那时，SpaceX 并没有成功的明确迹象，在很多人看来，太空科技商业化也言之尚早。但张璐还是紧密关注，并且做出了最早的投资决定。或许在那时，斯坦福教授曾经说过的一句话回响在她耳边，"改变世界的同时创造财富，但最重要的是改变世界"。后来，在 2018 年前后，这个行业的赢利性开始增加。2019 年 SpaceX 实现了赢利。随着 3D 打印技术等基础支持技术的进步，在 2020 年，无论是运载发射还是材料与系统研发，SpaceX 都迎来了巨大的成功，开辟了商业航空航天新时代。"火箭发射成本大幅降低，我们可以有更好的网络技术，直接低成本地获取太空信息，人类信息交互的空间将会更加巨大。"

可控核聚变的新能源领域，是张璐格外感兴趣的。她公司的名字就和核聚变有关。"我们为什么叫 Fusion Fund 呢？ Fusion 就是核聚变。Fusion Found 就是 Fund nuclear（基金的核聚变），就很像我们做的事情，虽然团队很小，早期投资金额并不特别大，但凑到一起就形成了巨大的能量。"

可控核聚变领域以前有个无奈的段子，叫作 "always fifty years"（永远还有 50 年），因为业界以往稍有技术突破，每次报道的时候就必然会加上 "50 年后我们就可以实现可控核聚变"。但是几十年过去了，可控核聚变似乎仍然遥遥无期。"但是这一次不一样，劳伦斯国家实验室的实验让人们看到了明确的未来，这一次，可能 50 年后我们就可以看到可控核聚变的商用了。"四五十年，是现代技术实现从实验室到工业意义上的进展的常规周期。

"可控核聚变对人类而言会有什么决定性的不同？"

"有了可控核聚变，我们就可以探索宇宙了！"说这句话时，她的声音提高了几度，眼睛里闪烁着光芒。

张璐于 2010 年获天津大学学士学位后赴美留学，研究生毕业于斯坦福大学材料科学工程学院，进行纳米薄膜材料相关的科研。2013 年，她创立的第一家聚焦糖尿病早期诊断技术的公司 Acetone 被上市企业高价收购，随后转型进入投资界。

2015 年，张璐在美国硅谷创办风险投资机构 Fusion Fund，将投资对准中早期科技创业市场。

张璐认为，"投资在人"，一间风险投资公司能否成功，关

键在于公司能够拥有什么样的团队。"过去三四年，惠普全球前CTO、美国前总统顾问、高盛的前合伙人、微软雅虎的前高管都陆续加入我们的团队。基本上不同背景、不同类别，我都找到了业内最优秀的人过来，他们的经验阅历都比我多很多。"

当然，在初创期，张璐不会有这样的"梦之队"。团队的建设，也有一个迭代的过程。"但是硅谷就这点好，当你表现出你有 Hyper potential growth（超潜力增长）时，大家会愿意加入，并且不会在乎老板的年纪和从业年限，更多考虑的是未来的潜力。"这些人张璐大都是已经相识多年，他们来到 Fusion Fund，初期的收入都是下降了大半，他们看中的是公司的未来。

← 2023 年 7 月，张璐在厨房清洗水果，招待友人。

↓ 2023 年 4 月，张璐在帕罗奥图的办公室与同事沟通工作。

艺术与创业

客厅的一侧，摆放着定制的白色斯坦威三角钢琴。周围还散落着一众乐器，琵琶、吉他、小提琴、架子鼓，感觉可以在家中组一支小乐队的模样。

"你会哪一样（乐器）？"我问。

"哦，这些我都会。"她答。

得益于父亲的音乐背景，张璐从小就在音乐上展现了天赋。钢琴是她最常弹奏的，因为琴声可以让她放松，舒缓自己的压力。她也曾经担任斯坦福大学某乐队的鼓手，一席长发随着击打架子鼓的动作更是飘逸、风姿飒爽。

得益于极具绘画天赋的母亲，张璐也有一些绘画的天赋。家里四处都挂着她的作品，书房还堆着一摞。有些是当代艺术风格的丙烯色彩尝试，有些是古典主义风格的人物油画，处处可见她在绘画上的努力。她指着房间里母亲的画，带着羡慕之情地说："你看她画得多好，颜色调得又透又干净，而且很有层次，我做不到，我能看到的颜色可能不到她能看到的10%。"细看她母亲的画作，确实功力深厚，深谙文艺复兴时期的画风。如果她不说，我会以为是来自哪个博物馆的拍卖藏品。

张璐常用画画来比喻创业。她认为，一个画家最重要的是他的创意和思维方式。伟大的画家善于用画来表达自己开拓性的思想。创业家亦然。

张璐的忘年交，"骨灰级"大佬 Phil Paul（菲尔·保罗）已经八十多岁了。Phil 第一次遇到张璐时，她刚开始做投资，两人聊了很久，Phil 对张璐做的事感到激动，而张璐亦觉得 Phil 是"很有活力的年轻人性格"，两人一见如故。有一天，Phil 给张璐发了一封 E-mail："我提名你福布斯 30 under 30 了，我用了你网站上的照片。"这是 Phil 第一次向福布斯提名人选，后来成了张璐职业生涯的一个里程碑。

张璐并不是那种除了工作没有生活的工作狂。"我的爱好很

→ 2023 年 7 月，张璐在家中，展示着母亲的绘画。

多，时间不够用。我第一爱的是音乐，听音乐、弹奏音乐；第二是看书和看电影；第三个是打马球。"张璐还很喜欢梅西，梅西2022年进了世界杯决赛，她半决赛后临时决定去看场世界杯决赛。基金有一名LP是一位很有名的足球明星，马上给了她一张第一排的决赛门票，半天时间之内，她搞定了所有行程和机票。然后就飞过去了，在多哈待了30个小时，看完比赛就飞去迈阿密出差。"我没有耽误任何重要的工作行程，同时挤出时间去看了世界杯决赛。"张璐高兴地说。

↑ 2023 年 7 月，张璐在家中打架子鼓。

为什么数字生物学具有改变各行业格局的潜力？
数字生物学是不是下一个大趋势？[1]

———

张璐

在人工智能服务如ChatGPT和Midjourney主导炒作周期的世界，这听起来可能像是一个非常大胆的说法，但这是建立在坚实基础之上的——随着数字生物学工具不断发展，它们在跨行业产生变革性影响的潜力日益清晰。

如果您是一名领导者，正在寻找生物学领域的下一个重要发展阶段，您不能忽视这项技术。为了理解我的意思，让我们看看一些有待改革的行业，以及数字生物学工具如何将它们推向新的高度。

在数字生物学越来越重要的领域，医疗保健或许是最明显的一个行业。通过数据、人工智能和计算工具的综合运用，科学家和研究人员可以显著缩短诊断疾病和开发复杂生物制药的时间。

像 Recursion 这样的公司已经在使用这些工具，该公司正在通过自动化和机器学习开发新的癌症治疗分子，涉及肿瘤学、神经科学、炎症免疫学以及罕见病。

医疗保健和数字生物学

但医疗保健并不是唯一可以应用数字

---

1 原文 "Why Digital Biology Has the Power to Change the Game Across Industries" 载于 readwrite.com，来源：readwrite.com/why-digital-biology-has-the power-to-change-the-game-across-industries/。

生物学的领域。材料、化学、食品和农业都可以从这些工具中受益。例如，通过对植物生长的多尺度预测建模，可以探索将生物系统映射与大数据分析相结合的新育种途径。换句话说，它可以首次为系统生物学带来真正的可扩展性。

这项技术在食品生产方面甚至可以走得更远，加速创造新型食品产品和营养成分，减少环境影响，并可能带来更多的健康益处。从人类基因组中提取信息并将其与代谢、免疫力、行为、肠道微生物和临床变量的其他数据相结合，可以实现精准营养，帮助我们做出更好的饮食选择。

数字生物学还在材料和化学行业中得到应用。例如，Solugen 正在使用这些工具来生产基因工程酶，开发更可持续的化学品。

数字生物学的其他应用

这只是数字生物学应用的一些例子。数字生物学的好处广泛，将影响众多专业领域。为了理解您的公司如何发挥其潜力，让我们看看它可以为在该领域工作的人提供什么好处：

1. 更大的个性化

个性化意味着根据每个个人或群体的特定需求、偏好和特点来定制产品和服务。数字生物学通过利用生物数据（如基因数据）来实现个性化，以识别每个人或人群的独特生物特征和变异。有了这些信息，数字生物学可以为不同的生物环境

设计和提供更加定制化的和更有效的解决方案。

2. 更高的精准度

大型生物数据库的威力不限于个性化。它们还可以帮助公司更精确地找到解决方案。在医疗保健领域，这可以改善诊断、治疗和疾病预防。例如，GRAIL 正在使用数字生物学工具改变早期癌症检测。其多癌种早期检测血液测试可以分析所有细胞（包括癌细胞）释放到血液中的 DNA。

公司采用大规模数据集训练的机器学习算法，来识别那些可能指示癌症存在的细胞游离 DNA 片段上的异常甲基化模式，显著提高了早期癌症检测的机会。

3. 提高效率

数据和机器学习可以加快新解决方案和治疗方法的发现。与此同时，生物传感器等工具可以跟踪工业过程，提高资源利用的效率。其结果是在使用更少资源的情况下，发现和开发更多产品，使时间线更短。

4. 降低成本和改善供应链

在后疫情时代尤其如此，公司迫切寻求新的解决方案，以减少成本并改善稀缺原材料的供应链。例如，经过适当工程化的微生物可以用于发酵植物基质以生产产品，减少对可能有限且昂贵的传统原材料的依赖。在这种情况下，计算技术可以分析和建模发酵中涉及的代谢途径和基因回路，提高产量和可扩展性。

5. 更多的可持续性

消费者和监管机构越来越希望摆脱传

统的高碳足迹产品和流程，开发比现有产品更具有环境可持续性的创新制造方式。

例如，几年前，研究人员开发了一种名为 PETase 的可分解塑料的酶；然而，它在工业应用上还不成熟。现在，研究人员可以通过试验室自动化和计算技术的组合，以传统试验方法难以想象的速度测试数千种酶变体。

这些菌株可以优化为理想的产能和可扩展性，同时可以将塑料分解产物的分子重新利用和合成为新材料，减少碳足迹。

从精准医学和疾病诊断到培养肉类和可持续性化学品，数字生物学有潜力以多种积极的方式改变局面。随着越来越多的数字生物学工具可用，人类没有理由不深入探索这个充满前景的新领域。

通过在这个领域取得领先地位，您可以推动您的组织进行新的发现并推动更可持续的生产流程，这将在未来多年中使您的业务和您服务的人们受益。

张璐的"时代纪录 三十六问"

1. **如果你可以和世界上任何人共进晚餐，你会选择谁？**

   拿破仑。

2. **在打一通电话之前，你会排演在电话中说什么吗？为什么？**

   不会，我是非常即兴的一个人。

3. **你认为最完美的快乐是怎样的？**

   我觉得不存在完美的快乐。

4. **如果你可以活到 90 岁，并能在 30 岁后让体态或者大脑其中之一一直保持在 30 岁，你会选哪个？**

   30 岁的身体。

5. **你最希望拥有哪种才华？**

   瞬移和飞行。

6. **你认为自己最伟大的成就是什么？**

   我觉得我没有什么伟大的成就。

7. **何时何地曾让你感觉到最快乐？**

   我很难感受到最快乐，很少有很纯粹的最快乐。

8. **你觉得最奢侈的是什么？**

   浪费时间。

9. **你最糟糕的一段回忆是什么？**

   小的时候交了错误的朋友，错误的合作伙伴，觉得这些人很糟糕，或者品行很糟糕。但我的第一反应是会及时止损，我不会让这么糟糕的人存在于我的生活里。

10. **你的人生中是否有过非常尴尬的时刻？**

    最近一次是开董事会的时候，有个人已经跟我开过很多次这种会议了，但是我竟然没有认出来他是谁。

11. **你上一次在别人面前哭是什么时候？在自己面前哭是什么时候？**

    上一次在别人面前哭是我有一个非常好的朋友，他经历了人生非常艰难的一个阶段，我在安慰他的时候没有忍住，但是我一般不会在别人面前哭。

    自己偷着哭是 2022 年年底，有一段时间压力特别大，由于对自己的要求很高，自己比自己预想的发展要慢，所以给自己非常大的压力，但发泄完就好了。

12. **有什么事情或者人是绝对不能开玩笑的？**

    关于我的家人和朋友的玩笑是一定不能开的。还有与对我本人的尊重有关的，特别是对女性有什么不尊重，这种玩笑我也不太接受。

13. **如果你知道你一年之后会死去，你会想改变你现在的任何生活方式吗？为什么？**

    我会花更多时间跟父母待在一起，但其他不会改变。至少我觉得我每天做的事情确实是我想做的事情，我想做的事情不会留到以后再去做。

14. **你最珍惜的财产是什么？**

    时间。

15. **你最恐惧的是什么？**

    抓不住时间，浪费时间。

16. **你最痛恨自己的哪个特点？**

    不能放过自己，不能完全接纳自己，包括接纳自己的缺点和不完美的地方。

17. **你最痛恨别人的什么特点？**

    浪费大家的时间，浪费大家的生命。

18. **你人生到目前为止最大的教训是什么？**

    不要花太多时间懊恼过去，往前看。

19. **你对自己外表的哪一点不满意？**

    个儿高。

20. **你认为自己的哪种美德是被过高评估的？**

    我其实也不太知道别人对我的评价，或

者说别人觉得我有什么美德。

21. 你最喜欢的职业是什么?

现实层面讲的话，我现在做的就是我最喜欢的职业，风险投资。如果不做风险投资的话，我想做一个艺术家，比如指挥家。

22. 你使用过的最多的单词或者词语是什么?

确实想不到，我没有什么口头禅。今天想到的就是"尽人事，听天命"。

23. 你这一生中最爱的人或东西是什么?

最爱的人是我的父母。最爱的东西是我的钢琴，它其实是实现自我对话的一个工具。

24. 你最后悔的事情是什么?

我好像没有什么特别后悔的事情，虽然成长过程中很多事情都比较波折、有挑战，但是我人生中的每一个主要决定都是我自己跟随自己的心做的，我觉得只要是我自己做的决定，不管结果怎么样，自己可以负责。

如果是别人给我做的决定，我听话照做了，最后可能会非常后悔。

25. 如果你可以改变你家庭的一件事，那会是什么?

没有什么要改变的，我现在的生活就是我想要的。

26. 你希望以什么样的方式死去?

我当然希望无痛苦地死去，但是我希望我死去的时候可以没有遗憾。我有一个非常长的清单，是我想完成的各种各样的事情，我现在已经在做了，我以为我 30 岁能做到的事情现在还没有做到。

27. 人生中你最感激的是谁?

父母。

28. 还在世的人中，你最钦佩的是谁?

梅西。

29. 你最喜欢女性身上的什么品质?

韧性、有冒险精神。

30. 你最喜欢男性身上的什么品质?

韧性、有冒险精神。

31. 你觉得哪一个年龄段是人生最好的阶段?

每个年龄段都有特别好的阶段。

32. 当钱不是问题时，你最想要过的理想生活是怎样的?

我清单上的一个计划，将来八九十岁退休了之后我想建一个学校。

33. 除了工作，你最大的爱好是什么?

第一是音乐，第二是看书和看电影，第三个是打马球。

34. 你的人生是否依然有梦想? 这个梦想是什么?

我的清单当中有很多梦想，总结起来就是一个简单的词——改变世界。

35. 一生中你有没有不变的信条或者座右铭?

改变世界的同时创造财富，但最重要的是改变世界。

36. 在你面前，未来是一幅怎样的图景?

我喜欢快速变化的时代和世界，所以我会非常乐观。

韩璧丞

哈佛大学脑科学中心博士生，BrainCo 脑科技公司创始人，所研发的 BrainRobotics 智能仿生手被《时代》杂志评为 2019 百大最佳发明，2022 年获评《财富》中国「40 Under 40」商界精英。

生命的另一种可能性

初创"BrainCo"

2015 年，在哈佛商学院旁边的一栋别墅里，韩璧丞创办了他的创业公司"BrainCo"（强脑科技），当时公司由 5 个全职员工、10 个兼职人员组成。

F1 的赛车手都必须要保证自己需要集中注意力的时候就能够集中，所以他们发明了一种叫"电生理反馈"的监控方式，能实时获知自己的注意力程度，然后通过系列训练来提高注意力。这个技术存在了约五十年，被评为治疗多动症最有效的方法。韩璧丞与当年发明这个方法的人在一起合作，开发一款新的脑电产品。这款产品能检查人的注意力，并通过结合 App 和游戏的训练，提高自己的注意力。

"灯光的明暗，通过冥想就能实现。" 2016 年时，韩璧丞戴着新开发的头环进行展示，他介绍："现在这个单电极产品就能控制各种电器开关和整个机械手的动作，全世界都没有过，未来的多电极就能通过脑电波控制机器人的各种运动了。这个技术不用开颅手术，人脑中有高频信号，我们把这些信号随机打靶到机器人的动作上，通过基于人类学习下的机器学习来实现脑电控制。之前在 CES（美国国际消费类电子产品展览会）上一展览，FBI（美国联邦调查局）和空军都来了。"

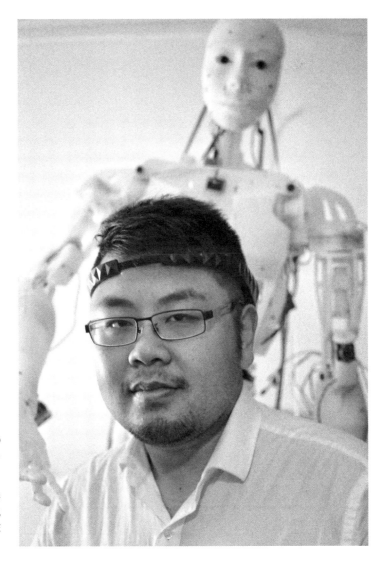

↖ 2016 年 11 月，韩璧丞在 BrainCo（强脑科技）波士顿办公室车库里，用手指标示他脑控产品的芯片位置。

→ 2016 年 3 月，韩璧丞头上戴着的第一代单电极脑电探测头环，已经可以控制机械手的简单动作，在他身后的是 3D 打印的机器人。

　　到 BrainCo 成立的第二年，公司的整体配置已有 40 个人左右。"我们做出了第一代产品，目前拿到了中国 2 万台的订单，大概会有 1 200 万美金的收入。我觉得一个公司最根本的是一定要能挣到钱、可持续，因为这也是市场对你的反馈，证明你这个东西到底有没有意义，对人到底有没有帮助。我们想成为这个领域里第一个能够赚到钱的公司。"韩璧丞说。

　　"小时候家里人不怎么管我，父母都是做生意的，没什么读书的环境，但我是能专心看书的那种人，可以花很少时间去学很多东西，成绩基本上都是学校第一。"后来韩璧丞拿到一些竞赛的好成绩，比如生物奥林匹克竞赛国家一等奖，因此去了韩国科学技术院就读本科。"我的本科 95% 的时间都在做东西，比如做一个电路系统涉及的数学、电子工程、计算机的问题，如果我没学过，就上网去查找、去问人，总之需要什么知识就自己学。"

　　那时韩璧丞还做了一个芯片，用来筛药、分离药物分子，在本科时拿了第一名。由此学校帮他报名参加了美国一个会议，结果开完会就有一些美国公司主动给他提供了工作 offer（录用通知），他从中选择了 Fred Hutchinson Cancer Research Center（弗雷德哈金森癌症研究中心），参与了"无针头胰岛素针"项目，当时公司股份卖了 170 万美元。

　　"后来开了一个模具工厂赔了钱，玩比特币又赔了钱。不过，也就是这样不断尝试，我发现脑电市场上的可穿戴产品非常少，但是市场很大，而且玩家也很少，我觉得我有可能做出一款所谓'天下第一'的产品。可是我没有系统地学习过生物及医学方面的内容，所以就决定再读一个博士。"之后韩璧丞便申请了斯坦福和哈佛，接到斯坦福 MCP（分子与细胞生理学系）的录取通知后，朱棣文实验室也接收了他，但他最后还是决定去哈佛，因为 MIT（麻省理工学院）也在那边。

　　大脑的信号比肌肉信号要精细一千倍，所以 BrainCo 从研究脑电信号回过头来研究肌肉神经信号控制的假肢就相对容易。别人花很久才能研究出来的电路，他们在 2016 年时便已经做了两

↗ 2016 年 11 月，璧丞位于哈佛和 MIT 之间的新办公室，到两个学校的步行距离都只需要 10 分钟左右。这晚，哈佛教育学院新入学的同学们用他的场地办了一个小派对，图中的他正在向学弟学妹们介绍公司的产品和办公环境。

年。那会儿只有 0.5% 的残疾人能买得起 10 万美元的假手，但璧丞计划在 2016 年年底，便要做 1 000 只假手拿回中国，每只售卖 3 000 美元。"我们想让 3 000 万残疾人都能用得起假肢。"这是第一只加入机器学习的假手，根据不同人的肌肉信号来自适应。

"我们会做一个网站，一些想要假手的人把信息放到这儿，如果有人想捐钱，那么捐 15 000 元人民币，我的公司可以再出 5 000 元，这样下来 2 万块钱一只的假手就可以直接寄到他那儿了。我想通过这样一个公益的方式把这个创业计划给推起来，10 年内让整个中国的残疾人都装上我们的假手，那是一件很牛的事情。这个项目也进了世界上最大的创业加速器 MassChallenge，今年（2016 年）参加比赛的一共有 4 200 个团队，最后 26 个团队获奖，我们是其中之一，与其他团队一起分享 150 万美元的奖金。"面对相机的时候，韩璧丞说道，"早知道你给我拍照，我就好好减肥了，这两个礼拜没少吃，现在是我最胖的时候。"

以前，脑机接口就是希望完全重复大脑在想什么，像给大脑做开颅手术，从里面取信号。而 BrainCo 做的是让仪器去适应人发出的指令，而不是让机器完全读懂大脑在想什么。原来人们如果想让假手去抓杯子，首先需要仪器读到脑子想象出的抓杯子指令，但这个指令非常微弱、非常难抓。所以 BrainCo 的方法是让大脑重新学习一个指令，无论大脑发出什么信号，只要学习好控制这个信号指令，便能够触发假手去抓杯子。以后这个信号指令一发出，假手就会抓东西，以这样的方式把机器学习变为人类学习来进行自调节。

韩璧丞希望把 BrainCo 做成大脑相关领域里最好的技术公司，他认为从资源的角度来说，波士顿就应该有一家脑控产品上市公司，也应有一家最牛的脑科学研究中心，因为那里拥有太

多的资源——教授、科研成果、与脑相关的学院，全都在那儿。"我们现在招人、会面，去实验室拜访，都是全世界最牛的人，其他公司一天干 8 个小时，我们公司一天干 16 个小时，我们应该比他们快 2 倍。"

"我们一专注于做这个'监控与培养注意力'的脑控产品时，订单马上就来了。以前的产品都不知道怎么卖，但这个产品一做完演示，国内的订单就过来了，这也证明我们当时做的这个决定目前来看还算是比较正确的。"韩璧丞说。

谈及如何判断一个人是适合在一起创业，还是只能为公司工作，韩璧丞觉得很简单："就看这个人是否舍得放弃自己的生活。我是没有生活的，没工夫谈恋爱，也没工夫 enjoy life（享受生活）。公司有明显的两拨人，一拨看快到 7 点，要下班了，就得开始打算回家去做这个、做那个。另一拨人啥也没有，就是想专注地把产品做出来，这部分人我是一定会给他们股份的，我会让这帮人跟我一起成长，会有比另一部分人快 10 倍的增长。"他说这是他做事的一个原则，因为这样的人是非常少的。

创业秘诀——"快"

2019 年初见璧丞时，一别有小半年，感觉他瘦了点，似乎也没太注意形象，头发都没整理，就直接赶到了拉斯维加斯 CES（美国国际消费类电子产品展览会）展场，同事们打趣说他越来越像科学家了。

"2018 年我回国待了两个半月，我到美国 8 年，从来都没有回去过这么长时间。我们刚刚完成了估值 4 亿美元的融资，现在我们大概有 40 万个左右的订单，夯实这一轮销售之后，我们打算尽快冲独角兽了。"韩璧丞说完这段话，又露出了他标志性的、让人感觉憨厚的笑容。

"我现在觉得做创业公司太不容易了，你看咱们上学那会儿看的好多创业项目，现在都不行了，真是九死一生，2018 年有

一段时间我也很焦虑，现在终于扛过来了。公司销售队伍来了两个大神级人物，国内著名手机品牌的副总和 Bose 耳机的产品团队全面加入，渠道和市场一下子就打开了。之前我们设了北京办公室，好多人在那儿，但都没什么进展，这里确实还是有一个方法论的问题。"相较于前两年的兴奋，他的这番表述显然沉稳了很多，市场不易，历练成长。在 4 天的拉斯维加斯 CES 展上，韩璧丞的 BrainCo 公司获得 6.4 万台意向订单，同时得到了媒体的近百篇报道。

请残奥会冠军倪敏成使用 BrainCo 的假肢比个胜利手势时，他稍微调整了一下，就卷起了无名指和小指，并且合上了大拇指，做出了 V 的动作。"全世界的假肢产品里都没有像这样通过肌肉神经反射，来控制单独的每一根手指。"韩璧丞说。前不久，中央广播电视总台一则戴着假肢的女孩和郎朗一起弹琴的视频报道，在朋友圈广为传播，那假肢也同样来自他的公司。正聊着，同事过来告诉他，又有人来下订单了，希望可以定制假肢。

拍照的时候，他提醒我："你看你后面的那些人，拿的都是我们的袋子，因为我们特意把我们的袋子做得最大，这样他们（观展的人）拿着别人袋子过来的时候，都可以装到我们的袋子里。我们可爱琢磨这些了。"说完，又是那有点憨厚感的笑容。

我回身一打量，倒确实不少人都拿着 BrainCo 品牌的大袋子。

到 2019 年年底，璧丞保持了健身的习惯，也瘦了一些，终于减到只有 200 斤了，他自己感觉也很好。"哎呀，你知道胖子对这点特别有感受，只要瘦了 5 斤，就顿时感觉自己身轻如燕了。你看这是前段时间的我，这是这两天我拍的臭美照。"说着，他翻开手机照片，证实一下减肥效果。

不仅在减重上努力，他也在生活的减法上努力。"我觉得做公司一定要快，一定要超级快，所以无牵无挂最重要。我现在就是一个小行李箱，2 套衣服 2 双鞋（1 双运动鞋 1 双皮鞋）。上次的皮鞋穿了几年，都烂了，才换了一双。"由于公司扩张迅速，当时已覆盖波士顿、深圳、杭州、北京四个区域，加上各种不同的商业活动，他需要随时穿行于世界各地。"我现在最方便了，随时随地说走就走。去哪儿都是住酒店，2 天以内的（行程）就是一个书包，跨国就是一个书包加一个登机行李箱。我专门盯着一家酒店住，住成他们'代言人'级别的会员。现在在国内 500 多块钱就可以住他们的套房了。"

为了能轻装上阵，他还把美国的房子都卖了。那时因为他没有时间打理，房子逾期缴纳税金，结果还上了法庭。他一气之下就把房子都卖了，彻底专注住酒店。

2019 年是 BrainCo 突破性的一年。3 月份，他们在国内开始销售帮助学生提高注意力的脑控环产品，半年多时间营收六千万元，还设定了年内过亿的目标。

BrainCo 原来只有脑控环，但那时有了根据肌肉信号自动控制的智能假肢，同时还针对自闭症和老年痴呆研发了新的产品。当时的他们计划在 2019 年 12 月开始销售智能假肢，全面落实公司已有产品的销售环节，营造好的现金流，提升公司估值，为新一轮的融资做准备。

BrainCo 的脑控环除了能让学生提高专注力以外，还可以帮助运动员提高注意力，在他们的官方宣传中就包含了奥运会举重运动员和 F1 方程式赛车的选手在使用脑控环提升专注力。同时，BrainCo 还在做扩展研究，对于自闭症的训练，他们也尝试使用脑环检测最适合自闭症孩子训练的时间点，确保自闭症小孩可以在最好的状态下训练，这样就比其他时间的训练效果好了很多。

所谓脑控产品的技术发展大体分为几个阶段。第一个阶段是捕捉状态，比如 BrainCo 做的提升专注力的脑控环就是第一阶段的产品；第二个阶段是捕捉情绪，比如看电影的时候，了解人们的喜怒哀乐；第三个阶段是控制，比如能够找到脑疾病的一些生理指标；最高级阶段是捕捉语言，语言是脑机接口公司前仆后继的领域。

在日常生活中，人们实现正常交流需要用到的也就是大概 3 000 个单词。而 3 000 个单词，其实就是 3 000 个能够被识别的指令信号。基于在智能假肢对于手臂肌肉群组识别上积累的经验，BrainCo 也在实验室模拟人的声带和舌头的肌肉群组。

璧丞觉得 BrainCo 在美国走了一条特别艰难的路。虽然之前有不少的合约合作，但是由于没有过保密期，只能保持低调。

而 2019 年，合作方 NASA（美国航空航天局）在官方网站上写明了他们使用 BrainCo 的产品来提升宇航员的专注度。这让璧丞公司的同仁们扬眉吐气，格外振奋。"NASA 把我们的产品放在官网上面，是对我们最高的赞赏。之前说（怀疑）我们的人多了去了，这回一下子消失了 90%。我们现在要在美国也展开自我宣传，多去参加一些会议，多展现自己。"韩璧丞说。

那一时期，全世界融资注资超过 1 亿美元的脑机接口公司大概有三家，BrainCo 是其中一家。从 2015 年白手起家到估值过亿，在核心技术上的突破是必不可少的。比如璧丞引以为傲的头环上与皮肤接触的信息采样点，是使用了固态凝胶的技术，这个技术璧丞从 0 做到 30%，然后公司团队把这个技术提高到 90%，而全公司知道配方的就只有两个人，即他和另外一位核心工程师。类似于这样的专利技术保证了 BrainCo 的信号采样效果达到了可供医疗级别的运用。这一点在目前的同类产品中，是领先许

↓ 2019 年 11 月，韩璧丞在 BrainCo 波士顿公司总部。

多的。

在公司的经营上，韩璧丞认为经历了三个阶段。第一阶段是科学家管团队，效果不大理想；第二阶段是专业领域的人做专业的事，比如他从 Bose 耳机那里整编制挖来的团队，进入产品设计与销售，从国内著名手机品牌那里邀请了原副总加入公司高层；2019 年，BrainCo 面对的是第三个阶段，希望可以在各个领域中找到最顶尖的人才加入公司。

公司管理上，除了研发是韩璧丞直接跟以外，其他内容都已经分布到各自专业领域的同事了。由于韩璧丞当时还是哈佛脑科学中心的博士生，面对中美贸易摩擦的威胁，韩璧丞也在早期就请律师做了评估，证实所有的技术都属于 BrainCo 公司，与哈佛和 MIT 没有任何关联。为了能够加快公司发展速度，分散技术分布，璧丞还安排公司投资了一些周边企业。

"导师希望我能够成为伟大的科学家。他本来是想培养武林高手的，结果一看，我自废武功了。"说到导师对他的评价，璧丞自嘲道。"但是其实现在我们的科研经费比老师更多，我们做项目研究其实会更快、更好。"他补充道。

在他波士顿的办公室里，展览区域的桌面放着不少奖牌奖杯，福布斯 30 位 30 岁以下的创业家的奖牌很醒目，但是他更喜欢 MIT 颁发的一个"中国 35 岁以下科技创新 35 人"的科技奖。"我本质上还是一个科学家。"看着奖牌，他喃喃道。

2019 年的韩璧丞正面对着空前的创业压力，但他找到了一个排解的出口。"现在我每年再忙也要花那么三四天时间去一个地方。去年去了火人节，七八万人用几天时间建一个城市，走的时候一把火烧了，一点痕迹都不留，太震撼了。没有货币，每个人都很热情，都很放松，这个共识真是让人太惊讶了。我今年要去丹麦看极光。"聊到这些的时候，才会想起来，当时的璧丞还是一个不到 35 岁的年轻人。

让"特异功能"变为现实

2022 年，一眨眼，距 2015 年在波士顿成立 BrainCo 强脑科技已经 7 年多了。作为脑机接口技术的先行者，韩璧丞仍在创业之路上不懈坚持。奔波于波士顿、深圳、杭州，他见证了这些城市很多个通宵达旦的凌晨。

推开门，韩璧丞正坐在那儿，来回翻看着机械手的资料，打

→ 2022 年 9 月，韩璧丞在深圳的办公室。

了个哈欠。

知道今天有拍摄，他特意换了一身黑衬衫和黑裤子，但是衣服上还是有些褶皱，肩膀上还有点没有来得及清理的头屑，眼镜下可以看到他的黑眼圈。可能是经常熬夜的缘故，他的体态比之前还略胖了一些。

2022 年，韩璧丞入选了《财富》评出的"2022 年中国 40 位 40 岁以下的商界精英"。《财富》这样评价 BrainCo 开发的非侵入型脑机接口设备："看起来像是《星际迷航》中的面罩。"韩璧丞在哈佛读博时，其团队曾被别人形容成"搞特异功能的"，他对此一笑而过，如今他正在让所谓的"特异功能"逐步变为现实。

经过多年创业的沉淀，璧丞给人感觉成熟了许多，谈到不熟悉的事物，他会坦诚地说可能是自己的知识量不够，还需要继续学习。

在仿生手调试的现场，韩璧丞发现一个传导信号有误，马上和工程师一同对软件进行了修改。"这样今天就可以发一个更新版本的软件了。"说这句话的时候，韩璧丞摸着肚子，满足地笑了。"快"依旧是他深谙的创业秘诀，这么多年，他一直就是这样，快速反应、快速试错、快速迭代，纠正了成百上千次的偏误，在业界渐渐形成了自己稳定技术的护城河。

"脑机接口"被许多人称为人工智能的下一代技术，韩璧丞介绍说："它就是连接人的大脑和外部机械、设备的一种技术。脑机接口设备分为两类，一是侵入式，第二个是非侵入式。但它们的核心都是采集人们大脑中生物信号的特征值。"侵入式需要在人的头颅上开个洞，通过电极获取大脑皮层信息，非侵入式则是在不破坏大脑的前提下，通过外部设备，如核磁共振、红外线、脑电等，获得细微的脑电信号变化。韩璧丞说自己见过了侵入式的手术后，就下定决心坚持做非侵入式的。到目前为止，全世界专注做脑机接口并且募资超过 2 亿美元以上的企业，一家是马斯克投资的 Neuralink，另一家就是韩璧丞的 BrainCo。

↑ 2022 年 9 月，韩璧丞（左一）在深圳办公室里和团队调试仿生手信号。

不与大脑直接接触，获取信号是十分有难度的。"我们采集的是一个非常细微的信号，它只有正负 50 微伏的电压，也就是一节 5 号电池的一百万分之一。我们通过这些非常细微的信号去判断大脑的不同意识，形成产品，而且还要实现产品量产。"韩璧丞开玩笑说："在我们公司有一个共识，就是做 BrainCo 的这几年，比在哈佛大学读十个博士还要难。"

近几年的各种创新展览中，BrainCo 的展位总是热闹非凡，观众只需要戴上头环，就可以"用意念控制赛车""用意念控制机械臂"。残运会冠军倪敏成还穿戴着智能仿生手现场表演书法。

BrainCo 的子品牌 BrainRobotics 智能仿生手，是融合了脑机接口技术与人工智能算法的高科技医疗辅具，通过采集、处理人体肌肉运动产生的肌电与神经电信号来实现对假手的动作控制。该发明在 2019 年被《时代》周刊评选为"年度百大最佳发明"。在北京冬残奥会上，智能仿生手助力火炬手完成了圣火的传递。

中国大约有 8 500 万名残障人士，其中肢体残障者约 2 472 万，上肢残障者约 300 万。

在智能假肢技术出现以前，依靠传统的假肢，想要完成写书法、弹钢琴、绑鞋带、拧瓶盖这些复杂的操作几乎是不可能的。而现在，BrainRobotics 智能假肢可以帮助相应的残障人士，回归正常的生活。

在璧丞的办公室里，一位小伙子穿戴着智能仿生腿，向我们演示了走路、跑步、高抬腿等动作，十分灵活，仿佛人与装备已经合二为一。问他感受，他说："现在再也不会因为穿假肢而摔跤了。"

衍生产品

BrainCo 强脑科技公司的核心研发团队来自哈佛和 MIT 等全球顶级学府，校友占比超过 70%。如今，波士顿、杭州、深圳三地公司的员工加起来一共有 300 来人，已经基本实现了收支平衡。

当 BrainCo 的专注力训练产品赋思头环（Focus）被美国宇航局 NASA 官方采用后，韩璧丞总算松了一口气。在那之后，BrainCo 的市场认可度提高了很多，业务进入"开挂"模式，和美国奥林匹克运动队、意大利方程式车队、中国国家赛艇队等高端客户展开合作，用赋思头环进行专注力训练。赋思头环已经进入 15 个国家，不少学校也采用这种头环，帮助训练和提升学生的专注力。

在一个专注力稀缺的时代，能够利用脑机接口训练专注力，不得不说是一个精准的市场切入点，这似乎也打开了 BrainCo 产品的想象空间。从训练专注力，到改善睡眠、协助冥想，似乎都是 BrainCo 产品可以触及的市场。

但是，这其中有一个领域是连韩璧丞本人最初也没有想到的，那就是为自闭症儿童创立的康谱睿启儿童成长中心（Cambridge StarKids）。"康谱睿启"这个略微有点拗口的名字源自英文单词"Cambridge"的音译，Cambridge 是哈佛大学所在地的名称。音译成中文后，"睿启"二字又有启蒙的意思。康谱睿启儿童成长中心是国内首个运用脑机接口技术进行自闭症干预的机构，初步试验结果显示，其制定的完整治疗方案对自闭症儿童社交动机的改善有效率达 85% 左右。

最初在波士顿创立 BrainCo 的时候，韩璧丞给公司定下的 Slogan（口号）是"做最好的脑科技公司"，7 年过去后，他把口号调整为"生命的另一种可能性，增强一代人的大脑"。

去年，韩璧丞入选了 2022 年全球青年领袖名单，此前他也在各种象征着创新、创造力的榜单上冒尖。在各种头衔之外，韩

← 2022 年 9 月，韩璧丞带着 BrainCo 的脑环，在深圳康谱睿启儿童成长中心。

璧丞直言自己更愿意做一个科学家，他觉得自己在打理公司方面，还是存在一些短板。多年过去了，他说自己还在不断地学习如何接纳自己的环境，努力去理解市场和社会的关系。

等红绿灯的时候，坐在副驾驶位子上的韩璧丞突然问了个问题："你觉得到现在，你人生当中最快乐的时候是什么？"问得突然，没等我作答，他便自己径直说道："我觉得最快乐的就两个时候，一个是最开始在波士顿创业的那两年。嗯，然后就是火人节。"

"为什么是最开始创业的那两年呢？"我问。

"因为那两年没有创收的压力吧。"他开玩笑地说。

"那为什么又是火人节呢？"

这个问题他聊了将近半个小时……

前几年璧丞参加了在美国内华达州黑岩沙漠上举办的火人节，那是一个短暂狂欢的乌托邦。来自世界各地的陌生人在一块特定的属地里搭起自己的帐篷，划下自己的领地。在火人节的领地规则里，没有金钱交易，你只能用你拥有的一切去换你需要的东西，而交易规则都是可以自己拟定的。

有一次路过别人营地的时候，因为太渴，璧丞喝了一杯那营地里的啤酒，喝完了才知道，这杯酒的规则是喝一杯就要被打一板子。幸好他当时选了桌面上最大的杯子，只喝了一杯，所以忍痛挨一板子就完事儿了。而和他同去的朋友却没有那么幸运，因为桌面的大杯子不多，朋友当时喝了 40 多杯小杯啤酒……说到这儿，璧丞不禁捧腹大笑。笑完他停顿了一会儿，说："那样没有固定规则的、自由的生活，太让人向往了。"

"这款仿生手当时也登上了《时代》周刊，因为它是第一款可以用意识控制的假肢。"在深圳 BrainCo 的办公现场，这款通过肌肉神经运动传感的机械仿生手常常是韩璧丞率先介绍的，"残疾人装上（仿生手）后，有的拿它去写字，有的就去健身、攀岩"。

"我们（公司的）另一个主要能力就是脑电检测，之前检测需要戴脑电帽，还要抹导电膏，后来我们自己做了一种特殊固体凝胶材料，改进后，使用更方便，准确率高。"韩璧丞一边说，

一边对着自己的脑袋比画着。

对脑机接口检测到的信号做数据分析，然后利用相关的设备对神经反馈进行调节。具备这样能力的装置或设备目前已经应用于运动员的集中训练，还有睡眠障碍、孤独症等疾病的治疗上。

2022 年韩璧丞推出了一款睡眠产品——深海豚（Easleep）安睡仪。"就是通过脑电检测加颅电刺激和声波，让人快速入睡的产品。"韩璧丞解释说。经三甲医院临床研究证明，90% 的受试者使用产品后，入睡速度有明显提升。

虽然安睡仪有不错的疗效，但是汪建对于作用机制还是提出疑问："颅电刺激这种（方法），其实也是循证医学，有点像撞大运，他们本身很多东西的机制特别不明确。还是缺少一些基础的

↖ 2022 年 9 月，韩璧丞在深圳办公室，带着 BrainCo 的脑环，用意念遥控赛车。

↑ 2022 年 9 月，韩璧丞在深圳公司和前来参观的华大基因董事长汪建先生，一同观看戴上机械手的志愿者弹琴。

原理支持。"

关于这个问题，韩璧丞在此前也考虑过："就像深部脑刺激DBS（疗法），为什么开完颅、放下电，大脑就能好，其实没有人知道它的原理是什么。我们也跟很多睡眠科主任一起研究，睡眠的原因太多了，有 90 多种，任何一款产品都不可能把所有问题都解决，我们这个产品主要还是针对那些入睡困难的。"

韩璧丞单点突破的做法，让这款睡眠产品有了不错的市场业绩。在京东电商 2022 年"双 12"节上，深海豚安睡仪在睡眠类产品里成为销售冠军。

"我们可以通过合作，把它的底层逻辑和闭环找出来。"汪建说，他还是对脑电信号的作用机制感兴趣。

依托自主研发生产的测序设备，华大目前建立的基因时空组学已经可以精准地在时间和空间的维度上对基因变化做记录。汪建希望这项技术也可以应用在脑电领域，通过研究韩璧丞的脑电设备对于脑电信号的影响与结果，把脑科学的研究从基础科学层面向前再推进一步。

← 2022 年 9 月，韩璧丞给华大基因董事长汪建先生测试一款利用脑电信号辅助冥想的头环。

"（韩璧丞和 BrainCo）你们是脑科学的脑机接口的老兵了，我们是新兵，我们就从最基础的科研做起，我相信把每一个细胞、每一个神经突触的关系通过量化评估搞清楚以后，将来的脑机接口就更加完美，理论也会更加完善，以前迷惑的问题能够找到一个解释。"在 BrainCo 的会议室，汪建对韩璧丞说。

→ 2022 年 9 月，韩璧丞和华大基因董事长汪建先生对话中。

未来脑机设备会比手机更多，
但我们会比赛博朋克更优雅[1]

————

BrainCo 韩璧丞

Q：C 端产品智能安睡仪目前在市场上表现怎么样？是超前还是落后于您的预期？

睡眠产品对于我们来讲，服务于一个非常长远宏大的计划。BrainCo 一直想做一家平台型公司，也就是做底层的技术基座，然后去支持各种各样的产品。我们一直打心里认为，现在脑机接口其实就像人类发现电流一样，有了电之后才会有灯泡，才会有电视机、手机，才会有我们现在所有的一切。

但对于一家公司来讲，不可能一上来就说自己的技术是电、是光，一定要先做一些东西出来，让大家看到脑机接口这项技术为人们生活带来的改变。睡眠产品就是 BrainCo 给这个世界展示脑机接口在日常生活中运用的第一款产品。

我们做了一个将近十年的规划，并且决定从睡眠产品切入。因为睡眠是一个非常大的市场，大概有 38% 的成年人睡不着觉。我们第一批产品原计划在一年之内完成至少一万个人的完整测试，拿到反馈，但是从 2022 年年底到现在仅仅半年时间，我们已经完成了这个小目标。

所以从市场节奏上来讲，目前的进展跟规划是一样的，但是我们不仅关注销量，更关注如何让这个产品的体验变得更好。就像苹果公司从 iPhone 1 到 iPhone 3 得到

————

1 本文原载于 36 氪，来源：36kr.com/p/2398854291398535。

了大量的用户反馈，才能做出 iPhone 4 这样革命性的产品。

Q: 您感觉现在中国一般消费者对于脑机接口产品的接受度怎么样？目前的客观环境是不是也会影响 BrainCo 的产品线布局？

我觉得任何一项宏伟的技术，最终的应用还是要落在 C 端。比如核反应，现在每个人的日常用电都跟这项技术相关；比如基因编辑技术，人们一开始对它的印象就是克隆人，但现在很多靶向药也要运用这一技术。

当你销售电器的时候，其实不需要跟消费者说，机器运转靠的是核电；当医生给患者吃药的时候，其实也不需要让他知道药基于基因编辑技术起效。我们只需要让对方知道它们是有用的。

脑机接口产品也是一样的。我们向消费者提供一个产品，让其快速入睡，但我们不会去过度宣传这是一个脑机接口的产品。当然，我们会在产品详情页公开解释这个技术的原理，但不会过度宣传它。我们会在真实世界里去跟所有其他的东西竞争，比如褪黑素、安眠药等等。

Q: 您感觉目前脑机接口类产品面向 C 端市场的时机已经成熟了吗？ToC 类产品的收益有希望超过 ToB 产品吗？

BrainCo 几乎所有的产品最后的使用者都是 C 端消费者。ToB 或 ToC 只是商业模式的差别，比如说我们向一些治疗自闭症的机构提供干预头环，但最终他们也还是要给 C 端用户提供服务的。

其实 ToB 或 ToC 并不是我们最关注的，我们最关注的是 C 端用户反馈的效果。做一个脑机接口产品其实是极其难的，你要面对的终端场景是千变万化的。比如说睡眠头环这个产品，我们在试验室里做的效果都特别好，但是一到千家万户给大家使用的时候，就会出现各种各样的问题，这里面的不确定因素非常多。

举个例子，比如有一个人睡眠非常不好，戴了头环之后效果也不那么明显，后来我们发现是她老公一直打呼噜，那个声音跟我们的信号混杂就产生了非常复杂的影响。

但这就是做 C 端产品必须要解决的问题。面向残疾人的产品也是这样——每个人失去手的原因不一样，每个人剩余的神经也不一样，做产品必须要通过一个很强大的算法让每个人都用得好，同时还要满足他用仿生手去做无数事情的需求。这是非常难的，也是我们必须要做的事情。

Q: 大家从对脑机接口一无所知，到慢慢接受，甚至觉得它可以变成自己每天日常生活的一部分，这肯定是需要时间的。现在大多数人对侵入式的脑机接口还是有恐惧感，而对非侵入式的产品接受度高一些，对吗？

肯定是这样。就像人工智能技术一样，可以被应用于安防、警务，也可以服务于我们手机里一个小小的应用——AI 在专业领域与民用领域的应用是并行不悖的。脑机接口技术也是一样，侵入式脑机口和非侵入式脑机接口会同时存在，但使用前者的人数永远是使用后者的万分之一。

什么样的人会愿意在自己头上做开颅手术？只有重症、急重症患者。那么重症和急重症患者到底有多少人呢？查一下中国每年做开颅手术的有多少人就知道了。所以侵入式和非侵入式脑机接口面对的是两个完全不同的人群，它们解决的问题也是完全不同的。

Q：关于"造人"和"造超人"这两大业务，BrainCo 在侧重或者紧迫程度上有区别吗？目前哪一类业务可能会获得公司更多的投入，双线并行是否可行？

现在大众看到的是 BrainCo 推出的一个个具体的产品，但其实 BrainCo 一直在用绝大部分的精力做脑接口的底座平台。我们大量的工程师、最厉害的神经科学家，在哈佛、MIT 招的那些人，现在都在做对于人大脑信号的无线解析，在不同位置去解析大脑神经电。

我们要把传感器做得无限好，把解析做得无限准。比如，一个残疾人大脑袋里心念一动，想轻微地动一下小拇指，这个信号我们都能解析出来，也就可以给他安装仿生肢。或者说，我想对你说一句话，脑子里形成这句话但还未说出，我就能解析出来，因为这个信号会牵动声带。当技术成熟到一定程度，我们也可以把这个信号翻译出来，也就是不用人出声说话，信息直接就可以传达给对方。

BrainCo 一直在做的就是底座平台，然后在底座平台上会长出一个又一个的产品。这些产品不一定要我们自己去做，现在我们已经在跟大量公司合作，包括戴尔公司等等。接下来我们会慢慢变成一个底座公司，让很多公司基于我们的底座制作自己的 C 端产品。

现在市场上的 BrainCo 产品，仅仅是冰山一角。我们的主要精力其实都在做底座。

Q：一个普通的残障人士怎样才能定制到 BrainCo 的仿生手或仿生腿？价格贵吗？

中国有 300—400 个提供智能假肢的康复装备中心，我们已经接触了大概 150 家，把产品提供给它们，让它们去帮助残疾人进行安装，目前已经覆盖了中国大多数的省份。

具体价格会随定制难度高低而上下浮动。BrainCo 产品的定价位于欧美同类别产品的 1/5—1/3 之间，甚至性能比对方还稍强一些。因为我们觉得像上肢和下肢这种高性能的产品，还是希望有更多的人能够使用。未来我们会继续找找方法，把这个价格再往下降，让更多的人去使用。

而且，我们还和一些公益机构、残联等组织紧密合作，甚至能给一些用户免费装上假肢。

一些人希望假肢看起来像真手真腿一样，就需要在机械外观上包裹人皮组织，那么定制价格也会更高。据我们观察，东方残障人士大多希望假肢看起来更像人手人腿，而欧美人更喜欢那种原始的机械感。

Q：当涉及数据采集和数据解析时，BrainCo 的芯片问题是怎么解决的？

BrainCo 是一家成立在波士顿的公司，从第一天开始做的就是国际业务。

现在我们几乎每个产品都有三套解决方案，分别使用国产芯片和海外芯片，产品的最后性能会略有差别。我们花了大量的时间去做备选方案，以确保未来无论发生什么问题，都可以很好地支撑产品。BrainCo 现在的产量还是比较大的，每年也有小几十万台。

Q：BrainCo 使用的芯片面积多大，采集的信号数量是什么水平？

BrainCo 是一个平台型公司，我可以做 128 个采集点，也可以做 3 个采集点，这取决于终端的应用。

举个例子，比如说我们做仿生肢，人控制手需要神经控制 34 块肌肉，那么我们需要 27 个位点去和皮肤接触，采集信号。但是我们戴在头上的设备，比如睡眠产品，只用 3—5 个位点就可以了。

所以说，这个问题完全取决于产品被应用在哪里。我觉得接下来 5 年之内，芯片都不会成为一个制约性的问题。

Q：现有的芯片水平能跟得上脑机接口产品的进化速度吗？

其实无论是脑电信息还是大脑里神经元的信息载体，信息处理的计算强度，比起 AIGC（生成式人工智能）的图像识别之类的信息处理强度都差远了。这点信息量算什么，简直太容易了。这是行业内的一个真相，只是可能没人愿意说出来罢了。

脑机接口产品的强弱差异，根本就不在于计算能力。以实际需要的计算强度来看，根本不需要什么高级的芯片，只需要把芯片做小就可以了。更大的问题是信息采集。

20 年后，芯片可能会是问题，但现在绝对不是问题。现在脑机接口产品的计算需求比 AI 专业应用差远了。

之所以说未来有可能成为一个问题，是因为未来也许人们对于神经信号解析的深度会有更高需求，所以对计算量的要求也会更高。

Q：之前您提到 BrainCo 在探索脑机接口在治疗抑郁症、阿尔兹海默病等疾病方面的应用。医学界对于侵入式脑机接口在这类疾病方面的应用已经有很多进展了，那么 BrainCo 想以非侵入式脑机接口去治疗这类疾病，您预计可能会推出一个什么样的产品？

BrainCo 有个原则，就是我们不发明医术，我们只想让医疗变得更高效。

自闭症、抑郁症和老年痴呆，这三类疾病在过去 50 年，已经证实了通过医生的"脑干预"可以产生很好的临床结果。但是结果的观察总是滞后的，医生检测不到大脑里在发生什么样的实时变化。脑机接口技术可以把它变成一个闭环，相当于医生一边干预，一边就能看到大脑里在发生什么。

也就是一个"打开黑盒"的作用，让大脑变得更透明了，医生立刻就可以针对变化作出应对。但并不是说我们"发明了新的医术"。

Q：BrainCo 未来一年优先级最高的是哪项工作？

BrainCo 会选择做两件事情：一、把 1—2 款产品做大规模、做爆，我觉得有可能会是我们的下肢产品和睡眠产品。二、把我们的底座打造得更好，跟更多的公司合作，让他们用我们的底座去开发最终的产品。我认为与我们的合作公司会超过一万家。

Q：睡眠产品的市场确实很大，但是您为什么会觉得下肢产品也可能会成为爆款产品？

其实仿生下肢是非常有刚需的产品，这是一个隐藏的市场。缺少下肢的人是比缺上肢的人多得多的，因为很多人会因为糖尿病、心血管疾病而截肢，而缺少上肢的人大多都是因为意外事故，人数是相对少的。

Q：目前国内脑机接口行业的融资环境怎么样？投资人普遍更保守还是激进？

脑机接口其实是一个回报周期比较长的赛道，一定不要把它当作电子消费品或者是医疗器械去投资。当然如果一家脑机接口公司变成了一家电子消费品或者医疗器械公司，可能未来它的规模也不会特别大。

对于 BrainCo 来讲，我们很幸运，因为我们有一群非常有远见的投资人，他们是有耐心的，而且给了 BrainCo 很多的支持。

我们每一轮融资都非常快，基本只要一开就融完了。其实现在大家对脑接口这个技术的关注度越来越高了。

Q：您之前有一次在演讲中说，未来可能脑机设备会比手机数量多。您认为脑机设备会成为手机的替代品吗？还是说它们有更多的应用场景？

其实手机最重要的功能，就是帮助我们传递信息。我们现在和手机交互的方式主要是用手指触摸屏幕，或者是利用它传递声音。但如果在未来，我们有一个更高效的传递信息的方式，比如在讨论刚开始的时候，只通过想一想，就把信息传递出去。当人们真正感受到，"我一分钟就可以传递出以前我一个小时才能说完的话"的时候，他就永远离不开这项技术了。

其实现在我们的人体浪费了大量的信息。当你戴项链、戴耳环、穿衣服，让外界的东西接触皮肤时，都有无数的神经信息在里面，这些信息里蕴藏着大量的内容，包括你的状态、你的情绪、你对不同事情的喜好等等。只是我们还没有用脑机设备替代项链、耳环去读取这些信号。

我觉得在未来，挖掘人类神经信息的技术会变成一个非常普及的技术。但我不觉得它会变成一个具体的产品，而是会变成无数的产品。

Q：很多人对脑接口的想象还停留在对《赛博朋克2077》的印象中。当脑机接口非常成熟的那个时代到来时，我们真的会像游戏中的人物一样，每个人都有外设的义体，运动能力更强、思维更敏捷吗？

我觉得一定会的，但是我们会比游戏或电影里的形象更加优雅，可能你从外表上看根本没有区别。我觉得真正的产品一定不会对社会带来突兀的视觉冲击，而是润物细无声，让我们变得更好更强。

韩璧丞的"时代纪录　三十六问"

1. **如果你可以和世界上任何人共进晚餐，你会选择谁？**
   比尔·盖茨。

2. **在打一通电话之前，你会排演在电话中说什么吗？为什么？**
   不会。

3. **你认为最完美的快乐是怎样的？**
   没有焦虑感和时间的紧迫感的快乐。

4. **如果你可以活到 90 岁，并能在 30 岁后让体态或者大脑其中之一一直保持在 30 岁，你会选哪个？**
   身体，因为我得老年痴呆的概率很小。

5. **你最希望拥有哪种才华？**
   很好的体育能力，比如可以成为卓越的街头散打选手。

6. **你认为自己最伟大的成就是什么？**
   推进脑机接口技术的产业化，制造出世界上最大批量的脑机接口产品。

7. **何时何地曾让你感觉到最快乐？**
   博士录取的时候。

8. **你觉得最奢侈的是什么？**
   有非常多的可自由支配时间。

9. **你最糟糕的一段回忆是什么？**
   2019 年，产品经历舆情，大众不理解这个技术，被很多人骂。

10. **你的人生中是否有过非常尴尬的时刻？**
    有被要求当众讲话，但是说不出话的一次经历。

11. **你上一次在别人面前哭是什么时候？在自己面前哭是什么时候？**
    奶奶去世。

12. **有什么事情或者人是绝对不能开玩笑的？**
    家里人。

13. **如果你知道你一年之后会死去，你会想改变你现在的任何生活方式吗？为什么？**
    我会安排好 BrainCo 的接班人，然后好好培养他，让他能够把公司做得更好，然后剩下的时间陪家里人，去 5 个以上想去但没去过的地方。

14. **你最珍惜的财产是什么？**
    我一手创立的 BrainCo。

15. **你最恐惧的是什么？**
    公司遇到问题。

16. **你最痛恨自己的哪个特点？**
    有时候会过于心软。

17. **你最痛恨别人的什么特点？**
    欺骗。

18. **你人生到目前为止最大的教训是什么？**
    创立公司的时候缺乏管理经验，招募到了很多不适合的人。

19. **你对自己外表的哪一点不满意？**
    体重过重。

20. **你认为自己的哪种美德是被过高评估的？**
    我们给残疾人做的意识控制假肢，一部分原因是想帮助这些需要帮助的人，更多的是出于技术极限挑战，因为控制手是脑机接口最难的技术。

21. **你最喜欢的职业是什么？**
    科学家。

22. **你使用过的最多的单词或者词语是什么？**
    哈哈。

23. **你这一生中最爱的人或东西是什么？**
    最爱的东西是自己亲手做的人形机器人。

24. **你最后悔的事情是什么？**
    没有认真地读博。

25. **如果你可以改变你的家庭一件事，那会是什么？**

抓紧结婚，生一堆孩子。

26. **你希望以什么样的方式死去？**

在 120 岁或者更老时的睡眠中死去。

27. **人生中你最感激的是谁？**

我的母亲。

28. **还在世的人中，你最钦佩的是谁？**

比尔·盖茨。

29. **你最喜欢女性身上的什么品质？**

温柔。

30. **你最喜欢男性身上的什么品质？**

勇敢。

31. **你觉得哪一个年龄段是人生最好的阶段？**

我觉得 40—60 岁之间应该是最好的时候，那时候人会变得更加睿智，而不会仓促。

32. **当钱不是问题时，你最想要过的理想生活是怎样的？**

做突破性神经科学基础研究。

33. **除了工作，你最大的爱好是什么？**

睡觉或者不受打扰的深度思考。

34. **你的人生是否依然有梦想？这个梦想是什么？**

做世界上规模最大的脑机接口企业，让 10 亿人从脑机接口技术中获益。

35. **一生中你有没有不变的信条或者座右铭？**

没有。

36. **在你面前，未来是一幅怎样的图景？**

脑机接口技术会加速人类的进化，会让人在本代人中见到更强的自己。

丛

乐

斯坦福大学医学院病理与遗传学系助理教授，博士生导师，哈佛大学生物学博士，麻省理工大学博士后。

探寻上帝的密码

最后一搏

他攥紧拳头，一跃而起，"Yes！"屏幕上是密密麻麻的 ATCG
基因编码。两年来无数次失败，看不见底的投入，本打算放弃
了，他还是做了最后一搏……没写报告，他直接截屏发给导师，
因为那上面是一目了然的基因改变后的测序结果——这代表人类
终于能在人体细胞内改编基因了。

如果你用 Google Trends（谷歌趋势）查询 "Gene Editing"
（基因编辑）这个词语，你会发现，这个曾经没有什么人关心、
显得陌生的词汇，从 2013 年开始在搜索趋势图上有了一条陡然
上升的曲线。从那一年起，基因编辑开始成为全球关注的话题。
因为就是在那一年，丛乐和他的导师张锋一同发现了人类有史以
来第一个成熟的真核细胞基因编辑技术——CRISPR（成簇规律
间隔短回文重复序列，以下简称 CRISPR）。

2016 年，我和丛乐约了在麻省理工学院旁边的咖啡厅一起

坐坐。那时丛乐刚刚从哈佛博士毕业不久，进入麻省理工学院任职。他风尘仆仆从实验室赶来，看不到连续多日加班的倦容，只感觉坐在我对面的是一位少年，偶尔还有几分腼腆，让人很难将他和改变人类的科学家联系在一起。我们聊起基因编辑的故事，虽然他和张锋成功地发现了人类首个可成熟运用的基因编辑技术 CRISPR，但这个过程其实是九死一生，距离放弃也就是一步之遥。丛乐很少和人谈起，CRISPR 最后成功的实验其实是他们实

↖ 2023 年 5 月，在斯坦福大学干细胞研究中心丛乐实验室。

→ 2016 年 3 月，丛乐在麻省理工学院 Kendall 附近的星巴克小坐。

验室的最后一次尝试了，因为之前的数百次实验都以失败告终，实验室已经花光了所有科研经费。这最后一次实验是他们四处搜刮，挤牙膏似的凑齐经费做的。成就成，不成便只能放弃。

这最后的孤注一掷，上苍眷顾了他们，也眷顾了整个人类。

"《Science》在 2013 年 1 月发了我们的文章，你用谷歌趋势会查到，从那之后基因编写成为一个世界话题。"那时，对于基因编辑技术在未来的应用，丛乐坦言，"未来我最大的兴趣还是把基因编写技术用在癌症治疗和农业上，现在一切才刚刚开始……"

技术涌现的时代

"我觉得接下来的二三十年，一定是生命科技大爆发的时代。"在斯坦福的干细胞研究中心，丛乐一边在电脑上查看最近的实验数据，一边很笃定地说。他穿着实验室的白大褂，胸口处有着醒目的"Cong Lab"字样，这是斯坦福干细胞中心以他的名字命名的实验室。

"如果再给这个领域（生命科技）50 年，一定会出现很多很多我们现在根本想不到的事情。"

丛乐之所以认定生命科技时代即将到来，是因为作为斯坦福大学医学院病理学及遗传学教授，他看到了经过数十年的基础科研积累，整个生命科技领域正在进入一个"技术加速、成果涌现"的阶段。"不同人的距离、不同学科的距离，都在被拉近。"

最近，丛乐有了新身份——父亲。似乎这让他对生命又有了更多的理解。丛乐的研究专注在肿瘤和神经系统类疾病这两个方向。"我当然希望我的研究可以最大化地帮助所有人，但是我最希望能够帮助的还是幼童。"说着，他用电脑浏览邮件，打开了其中一封。"你看，我每天都会收到大量的邮件，都是来咨询基因治疗的，但是我最受不了的是这样的，3 岁的小男孩得了脑瘤，来问我有没有基因药物。"说完，丛乐看着邮件发了会儿呆。

→ 2023 年 5 月，丛乐在斯坦福大学干细胞研究中心的办公室里。

　　对于丛乐而言，这样的触动，不是第一次了。在他刚开始读博士的时候，一位朋友的遭遇，很大程度上坚定了他从事癌症研究的想法："我们从小就认识，他一直走文艺路线，拍的电影还得了大奖。我们都喜欢旅游，他 10 岁的时候就能一个人横渡琼州海峡，是中国年龄最小的健将级运动员，有着非常光明的前途。但是在 2018 年的时候，他才三十多岁，就得了一种罕见的癌症，无药可治，发现两个月后就去世了。"生命的戛然而止，让丛乐重新理解了时间："时间是最重要的资源，每个人拥有的时间都是有限的。事实上（生命科技）当务之急并不是延缓衰老，而是治病，尤其是医治癌症患者。"

↓ 2016 年 3 月，丛乐在麻省理工学院的 Broad 研究所。

自 2013 年丛乐和张锋发现 CRISPR 基因编辑技术以来，十年倏忽一瞬。CRISPR 这项技术的突破可以用"人类生物医学技术上最重要飞跃"来形容。以前一个博士生需要花费十几年的时间才能够掌握的基因编辑技术，在有了 CRISPR 之后，只需要 3—5 分钟就可以掌握。

CRISPR 基因编辑技术在 2020 年获得了诺贝尔化学奖，技术也进入了临床运用。最新的成果有针对镰刀贫血开发的 FDA（美国食品药品监督管理局）认可的基因药物，有对肥胖遗传病症和糖尿病患者的基因定点插入一种新的酶的"减肥神药 GLP"，等等。都是一次治疗，永久治愈。但是，现有的 CRISPR 技术还面临着安全性、高脱靶率和长序列修复等问题。

未来已来

2023 年 2 月，丛乐实验室找到了一种新的蛋白，开发出新型基因编辑工具 dCas9-SSAP。"这次我们是找到了可以用来做 DNA 修复的蛋白，可以实现在不损伤 DNA 的前提下进行基因修复，不是（像 CRISPR 一样的）'剪刀'了，可以理解成一个'创可贴'。"丛乐实验室发现的这个新工具在人类细胞中完成了无任何 DNA 断裂的长序列精准编辑，且成功实现上千个碱基的无脱靶长基因序列插入。值得注意的是，dCas9-SSAP 的专利有潜力成为独立于 Cas9 等一系列现存基因编辑专利的"元 IP"。

丛乐认为，如果说体外基因疗法作为业内"低垂的果实"更易采撷，那么，"体内编辑的治疗场景更为广泛，可以应用于眼睛、耳朵、神经系统、肌肉、肝脏、心脏等相关疾病。体内基因编辑疗法机会更大，这个方向会是具有革命性价值疗法的一大重要趋势"。

在斯坦福干细胞研究中心刚见面的时候，丛乐还有点小兴奋，他刚刚拿到一组实验的数据，那是他做的一个和饮食均衡相关的实验。可能是中国人的缘故，讲到吃总会有几分兴奋。"我

们发现只要烹饪，尤其是煎炒烹炸，肉里面的 DNA 就会有损伤。蔬菜也一样会损伤，但相对好一点，因为蔬菜里的维生素会弥补一点这样的损伤。所以日本人长寿，可能跟他们饮食比较清淡和爱吃刺身也有一定的关系。"

虽然还没有足够的数据证明食用 DNA 受损的肉类和癌症的直接关系，但是在人体细胞中，DNA 损伤积累到一定程度就会发生癌变。丛乐目前在研究的其中一个方向是，如何利用干细胞修复这些受损的 DNA。

丛乐所在的斯坦福干细胞研究中心，是目前全球最为领先的干细胞研究中心，由美国商业新闻社创始人、亿万富翁洛里·洛凯伊捐资筹建。洛里认为："干细胞将和导致硅谷诞生的硅片一

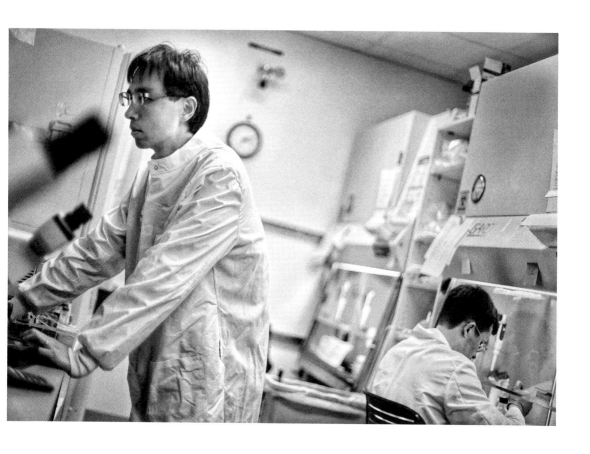

↖ 2023 年 5 月，斯坦福大学干细
胞研究中心，丛乐在他的办公室里
看三维模拟的相关基因数据。

↑ 2023 年 5 月，丛乐在斯坦福大
学干细胞研究中心丛乐实验室。

样重要，将为延长人们生命和改善生活质量带来全新的医疗方
式。"中心除了汇聚行业内顶尖的科学家，同时也展陈了许多著
名的当代艺术品。

近几年的研究实践，让丛乐也认为干细胞治疗的前景很乐
观："比如烧伤的患者想要修复皮肤损伤，目前最好的办法就是
通过干细胞移植，当然更重要的就是对癌症、老年痴呆、帕金森
等疾病的修复。未来，说不定每个人都会用到干细胞。"

丛乐把干细胞比喻为核电站，作用很大但是控制很难："控
制得好就可以发电，控制不好就带来灾难，甚至可能会演变成癌
症。"对于国内流行一时的干细胞存储，丛乐不置可否。"不是完
全没用，但是基本上还不如存脐带血。脐带血有很特殊的用处，

但是以我目前的了解来看，存储干细胞几乎就是骗钱。我们现在已经有很成熟的技术，虽然不能造出个心脏来，但是可以把每个人的皮肤细胞变成干细胞，这个技术已经相当成熟了，3—5 年之后大概就能变成一个可以应用的药物治疗方案。"

"真是头疼，其实学生是不是用 GPT 写的作业，我也不知道，根本看不出来，"丛乐无奈地说，"AI 越来越危险。"

运用 AI 辅助实验室提高效率，那是丛乐至少在 5 年以前就开始做的事了，例如通过 AI 算法 3D 模拟基因编辑的工作过程。但丛乐并不认为 AI 能够替代实验室的工作。如果只是看电影，可能会觉得 AI 已经无所不能了，其实现实中还有很远的路要走。

不过，电影有的时候也会帮助人们想象未来，像漫威的影片

中就有不少超级英雄都是基因编辑改造出来的。"一方面这样的想象力让人兴奋，但另外一方面也要引起警惕，如果有一天我们真的可以理解人类智慧，那么是不是可以通过技术提升相关的基因表达呢？技术的边界到底在哪儿？如果人类把自己创造的一个基因编辑进入胚胎细胞当中，那么这个基因未来就会永久地进入全人类。我不认为我们现在具备承担这样的后果的能力。任何一点细微的基因表达差异，可能会产生差之千里的变化，要知道我们和老鼠的基因表达差别不到 1%。"

↙ 2023 年 7 月，丛乐在一次分享会上为大家讲解基因编辑技术的基础内容。

↓ 2023 年 7 月，丛乐弹着吉他，与友人们围坐在篝火前，唱起他熟悉的怀旧歌曲。

"那 1% 的差别主要在哪儿？"我问。

"大脑神经的差别最大。"丛乐说。

"那只能祈祷我们大脑有足够的智慧面对 AI 了。"

为什么张锋没有获得 2020 年诺贝尔化学奖？
他对 CRISPR 基因编辑技术的贡献有多大？[1]

丛乐

首先祝贺 CRISPR 基因编辑技术和两位获奖科学家的工作获得了诺贝尔奖的认可。

自我介绍：本科在清华生物系 / 电子系师从饶子和院士学习，到哈佛大学医学院读博士，是麻省理工学院 Broad 研究所张锋实验室的第一个学生，毕业后在麻省理工学院 Aviv Regev 教授指导下完成博士后，现在是斯坦福大学医学院助理教授。博士期间从 2011 年开始在张锋实验室做 CRISPR 研究，我们的工作首次实现了人类细胞中的 CRISPR 基因编辑（论文最终发表于 2013 年），也是一部分相关基因编辑专利申请中的共同发明人（CRISPR 一系列专利存在争议，法律范畴无法评论）。希望分享一些自己的科研经历，不代表官方言论。我很喜欢知乎，从读博时就是忠实用户，也愿意通过这个平台分享（虽然大部分时间看的是和生物医学研究无关的问题，很感谢各位知乎大神的回答）。

下面从我个人的经历回顾张锋实验室从 2011 年开始进行 CRISPR 基因编辑研

---

1 本文选自丛乐的知乎回答，来源：https://www.zhihu.com/question/42455483。

究的过程，从概念提出到技术设计、反复试错，最终首次实现人类细胞基因编辑，都早于并独立于诺贝尔奖得主 2012 年的论文，所以非常遗憾张锋未能获得诺贝尔奖，不过这次的颁奖帮助传播和揭示了 CRISPR 基因编辑技术的影响力和重要性。

1. CRISPR 生物学原理的研究——基因编辑开发的起点

和很多改变我们生活的重大发现一样，开始时经常是少数人，在孤独寂寞中的坚持与努力。其他知乎大号 / 知乎大神答案中所陈述的，日本、西班牙、匈牙利、奥地利、美国等早期研究组从 1993 年到 2011 年的一系列研究发现帮助我们理解了 CRISPR 是什么，在细菌中如何工作等（CRISPR 科研发展的时间线可以参考这篇《Cell》的综述论文：https://www.cell.com/cell/pdf/S0092-8674(15)01705-5.pdf）。很多早期文章并不是在顶级杂志上刊登的，我刚接触这个领域时，经常找文献的原文都很困难，但这些都是极重要的起点研究。因为多年的科学积累，这些开创性的 CRISPR 生物学研究让我们早在 2011 年之前，就已知道了 Cas9 为代表的 CRISPR 蛋白是 DNA 切割酶。比如 2007 年时，科学家已经发现 CRISPR 可以切断噬菌体 DNA 保护细菌，从而防止酸奶变质（这个很有趣，有机会单独分享）。

但一个本质的区别是，这些工作并不是着眼于将 CRISPR 用于进行基因编辑，所以这些生物学理解为 CRISPR 基因编辑技术打下了理论基础，类似我们对于干细胞的生物学理解，为诱导干细胞 iPSC 这一技术打下了基础。诱导干细胞使用了著名的四个基因 Oct4、Sox2、Klf4、cMyc（OSKM），虽然对于这四个基因的生物学研究极为重要，但是 iPSC 技术的关键一步是实现诱导干细胞技术的科学家完成的。

（类似科学发现中的坚持，如果有兴趣可以参考：诱导干细胞 iPSC，我至今还记得本科上课时清华的吴畏老师告诉我们，想法不一定没人想到，但大部分人都没有耐心、恒心去这么努力坚持做，也记得看到中国科学家取得各种干细胞顶尖成果时的激动。）

2. 我在麻省理工学院和哈佛大学参与的 ZFN/TALE 等早于 CRISPR 的前一代基因编辑技术

我 2009 年在 George Church 实验室和张锋、Sriram Kosuri、Paula Arlotta 几位科学家共同工作时第一次接触到基因编辑技术。最开始，我们主要研究 ZFN/TALE[1] 基因编辑技术，这是早于 CRISPR

1　ZFN 指 Zinc-Finger Nucleases，即锌指核酸酶；TALE 即 Transcription Aeticator-Like Effector，指类转录激活因子效应物。

的前一代基因编辑技术。2011 年，我们首次在哺乳动物 / 人类细胞实现了 TALE 基因调控编辑（论文 2011 年发表在《Nature Biotechnology》），而同期 Miller 等人的论文也开发了类似的 TALEN[1] 技术。基因编辑领域的很多工作都是多个研究组独立进行的。

3. 从 2011 到 2014 年在张锋实验室进行 CRISPR 基因编辑技术开发的过程

张锋 2011 年年初设想可以用 CRISPR 来代替 TALE 进行基因编辑。我们经过非常长期的努力和试错，加上团队一起合作的努力，实现了这一预想。

尽管 CRISPR 概念潜力巨大，在 2012 年之前，科学家仅在原核细胞或体外试管实验中成功检测到了 CRISPR 的编辑活性（包含 2020 年诺奖得主们 2012 年的重要论文）。然而，我们最感兴趣的是哺乳动物和人类细胞的基因编辑。人类细胞的结构和环境复杂度远远高于细菌细胞，所以在生物学历史上，大量技术虽然适用于细菌或体外，但未能在人类细胞中实现。本届诺奖获得者 Jennifer Doudna 在采访和其他场合提到其 2012 年发表的关键论文时，表达了 "techniques for making these modifications in animals and humans have been a huge bottleneck"[2]，她们的团队当时在这个方向的尝试遇到了很多挫折[3]。

在张锋实验室，我们从 2011 年开始开发能在人体细胞进行基因编辑的 CRISPR 系统，积累早期的经验，2012 年我们终于提交了论文，最终 2013 年在《Science》发表。在这篇文章中我们首次证实了 CRISPR 在哺乳动物细胞的编辑能力（同期的《Science》杂志上，也发表了 George Church 实验室的精彩工作，所使用的系统与两位诺奖得主 2012 年的论文一致，但与张锋 2011 年的原始设计不同，这也从侧面验证了我们的研究独立于这些工作）。随后发表的 Keith Joung、Jin-soo Kim 等各个研究组的工作也推动了该领域研究的前进，这些研究也再次验证了前面第 2 点中提到的科学正是在大家的共同努力下进步的。

事实上，张锋实验室从 2011 年年初开始的 CRISPR 基因编辑研究，在 2011 年 2 月就有了真核细胞 CRISPR 基因编辑技术的概念设计（并有公开的存档证明，链接：https://www.broadinstitute.org/files/news/pdfs/BroadPriorityStatement.pdf）。所以，从概念提出到技术设计，再到反复试错，最终实现人类细胞基因编辑，都早于

1　指类转录激活因子效应物核酸酶（transcription activator-like effector nucleases）。

2　意思是 "适用于动物及人类细胞中的此类技术遭遇了瓶颈"。——编辑注

3　原文链接 1：https://www.scientificamerican.com/article/6-takeaways-from-the-crispr-patent-decision/，链接 2：https://www.broadinstitute.org/files/news/pdfs/priorstatements.pdf）。

Multiplex genome engineering using CRISPR/Cas systems

且不依赖于 2012 年诺奖得主论文的发表。由于真核细胞中 CRISPR 基因编辑的复杂性、不可控性和我们工作的原创性，这篇 2013 年发表的论文收获了大量的关注和广泛祝贺，也为之后一系列推动 CRISPR 基因编辑领域前进的研究铺下了坚实基础。所以，张锋实验室基于这一工作开发的基因编辑工具盒被大量实验室和公司广泛用于研究和基因治疗中（如其他回答中提到的 PX330 等），而 2013 年的突破性论文目前是 CRISPR 基因编辑领域被引用量最高的文章。

这是为什么张锋也被学界中很多同仁期待为最可能的诺奖得主之一。

感想：两位得奖人 Emmanuelle/Jennifer 实至名归。同时，非常遗憾张锋未能分享诺奖。和很多领域一样，有时会有不同研究组、科学家在不同地点、相近的时间，独立发现／开发类似或者相关的结果。在诺奖历史上，由于人数限制等原因，有大量的杰出科学家与诺奖失之交臂，其中有不止一位华人科学家。CRISPR 领域的其他早期先驱，比如欧洲的 Virginijus Šikšnys，以及为 CRISPR 生物学作出了突出贡献的科学家，Rodolphe Barrangou、Philippe Horvath 等亦做了重要的工作。

关于专利问题的更新：有一些知友询问关于专利的问题，我并不专业，但是在这里分享一些我所了解的信息。张锋实验室相关基因编辑专利的全部权益所有人都是大学和研究所，发明人能够分享其中的小部分，而大部分专利所得都会被用于支持学校和研究工作。我们进行基因编辑技术开发的目标是让所有的科研人员都可以方便高效、开放开源地使用所有我们的基因编辑工具，从而治疗疾病，改善环境，让我们生活得更健康，这也是我们科研的动力。谢谢大家的关注！

丛乐的"时代纪录 三十六问"

1. 如果你可以和世界上任何人共进晚餐，你会选择谁？

   希望和吴京一起吃。

2. 在打一通电话之前，你会排演在电话中说什么吗？为什么？

   如果是家人朋友一般直接打过去，如果是工作上的电话一般会（大部分是在脑海中）列一下要点。

3. 你认为最完美的快乐是怎样的？

   30岁以前是以自我为中心的快乐，比如实现锻炼身体的小目标；30岁之后是和家人一起的快乐，和合作伙伴一起成长的快乐；再往后还不太知道。

4. 如果你可以活到90岁，并能在30岁后让体态或者大脑其中之一一直保持在30岁，你会选哪个？

   应该还是大脑保持在30岁更开心，但是也更难。

5. 你最希望拥有哪种才华？

   数学的才华，因为特别纯粹，可惜没有。

6. 你认为自己最伟大的成就是什么？

   下一个，直到自己50岁。

7. 何时何地曾让你感觉到最快乐？

   在美国的电影院里看《流浪地球》。

8. 你觉得最奢侈的是什么？

   追求纯粹的、可能有些疯狂的科技想法对我来说是最奢侈的，因为这往往需要很多资源和很多有意思的人一起努力，如果自己能是其中的一员我会很享受，但是的确也很奢侈。

9. 你最糟糕的一段回忆是什么？

   不太记得哪一次最糟糕，可能是小时候和同学参加电视比赛，因为我的失误失败的经历。

10. 你的人生中是否有过非常尴尬的时刻？

    想不起来了，可能太尴尬选择性忘记了。

11. 你上一次在别人面前哭是什么时候？在自己面前哭是什么时候？

    上次在别人面前哭应该是在做学术报告的时候，说到患儿科遗传病的小朋友的情况。在自己面前哭是想到没能照顾好家人。

12. 有什么事情或者人是绝对不能开玩笑的？

    应该是涉及自己民族国家的时候，不能开玩笑。

13. 如果你知道你一年之后会死去，你会想改变你现在的任何生活方式吗？为什么？

    会花更多时间写一些东西和留下一些东西给家人吧，平时和他们在一起的时间还是挺少的。

14. 你最珍惜的财产是什么？

    家人。

15. 你最恐惧的是什么？

    应该是对自己出于本能为家人做的事情，但是因为不够努力而没做到。

16. 你最痛恨自己的哪个特点？

    最恨自己做事不够专注吧。

17. 你最痛恨别人的什么特点？

    可能会恨别人不了解全面的情况就主观臆断。

18. 你人生到目前为止最大的教训是什么？

    请参考16的答案。

19. 你对自己外表的哪一点不满意？

    身材不行了，最近几年缺乏锻炼。

20. 你认为自己的哪种美德是被过高评估的？

    可能努力的程度还是被过高评估了。

21. 你最喜欢的职业是什么？

草原上的马背向导 / 骑手。

22. 你使用过的最多的单词或者词语是什么？

晚安。

23. 你这一生中最爱的人或东西是什么？

家人。

24. 你最后悔的事情是什么？

见 15。

25. 如果你可以改变你家庭的一件事，那会是什么？

希望有更多时间陪伴家人。

26. 你希望以什么样的方式死去？

希望能在大自然中离开。

27. 人生中你最感激的是谁？

我的导师。

28. 还在世的人中，你最钦佩的是谁？

我的导师。

29. 你最喜欢女性身上的什么品质？

自信。

30. 你最喜欢男性身上的什么品质？

自信。

31. 你觉得哪一个年龄段是人生最好的阶段？

我觉得 18 岁前应该是最好的阶段，可能性无限。

32. 当钱不是问题时，你最想要过的理想生活是怎样的？

可以随意做自己想做的科学研究。

33. 除了工作，你最大的爱好是什么？

音乐（弹琴）。

34. 你的人生是否依然有梦想？这个梦想是什么？

我认为每一个小孩出生后都应该有健康成长的机会，所以我很希望可以找到好的办法让每个孩子都能够不受遗传疾病、基因突变这些先天不足或疾病的影响。

35. 一生中你有没有不变的信条或者座右铭？

逝者如斯夫，不舍昼夜。

36. 在你面前，未来是一幅怎样的图景？

我觉得医学的进展太慢了，治病救人的成本太高了，我觉得未来这些都可以被改变。

郑永年

香港中文大学（深圳）全球与当代中国高等研究院院长、广州粤港澳大湾区研究院理事长、前海国际事务研究院院长。

共同富裕之路

中国的政治经济体制

2021 年"读懂中国"国际会议期间，香港中文大学（深圳）全球与当代中国高等研究院院长郑永年，在 TED 演讲上以"中国的政治改革停止了吗？"为题，将中西方体制进行比较。"1981 年我进入北京大学时，中国的人均 GDP 不足 300 美元。但 40 年后，中国成为世界上第二大经济体，人均 GDP 超过 1 万美元。40 年里，中国使接近 8 亿人摆脱贫困。这是世界经济史上的奇迹。"说这段话的时候，他的语气平稳，娓娓道来。

关于对中国下一步发展的看法，他展现在了新书《共同富裕的中国方案》当中。贫穷和不平等是人类的两大普遍性问题，郑永年说，目前只有北欧少数国家实现了社会共同富裕，如果中国解决了共同富裕这个世界性难题，将像扶贫一样"为人类提供一个新的发展模式"，会具有普遍性意义。

"美国过去引以为傲的'中产社会'已演变成为'富豪社会'。"郑教授面对 ZOOM 那头的香港船王赵式庆，比画着手势，轻声叙说。美国中产阶层的规模持续缩小，占总人口的比例从 20 世纪 80 年代的 70% 下降到现在的 50% 左右，这种演变导致了民粹主义的崛起，特朗普的当选便是民粹主义的产物。英国"脱欧"以及一些欧洲国家的政治激进主义，都是民粹主义对社会不平等的抗议。而中国之所以能维持社会稳定，平衡经济发展与社会公平，其主要根源在于"我们实现了基本社会公平，使得没有一个群体感到自己游离于发展过程之外，甚至被发展所抛弃"。

相比于美国等西方国家的资本和政府分离的制度模式，中国的政治经济体制要回溯到中国文明的政治经济观念之中。郑教授认为，广义上的东亚经济模式也是中国文明的衍生，被称为"东亚奇迹"的日本、韩国、新加坡以及中国台湾和香港地区这五个经济体，都处于传统意义上的儒家文化圈内。在第二次世界大战后，全球仅有十几个经济体能避免陷入"中等收入陷阱"，这五个东亚的经济体就位列其中。"在儒家文化圈内，一个普遍的意

← 2022 年 7 月，郑永年教授在香港中文大学深圳校区图书馆。

识是，推动经济发展就是政府的责任。"

改革开放以来，中国是少数既实现发展又保持自身独立性的国家，"中国的经济发展依靠的是政府和市场两条腿走路"。说到这里，郑永年停顿了一下，推了推眼镜，接着说道："中国从汉朝到现在，经济结构基本上是由三层市场、三层资本构成的。顶层的是国有资本，底层的是以中小型和微型企业为代表的庞大的民营经济和民营资本，在两者之间还有国有资本和民间资本互动的一个层面，或者称中间层。"他认为这种三层结构的经济体能够预防大的经济危机、建设大规模的基础设施、做到大规模有效扶贫等，使得中国在面对各种金融危机乃至新冠疫情时都做到了有力应对。其中民营企业和民营资本不仅承担了大部分的民生经济和就业，还在中美近几年的贸易摩擦中，发挥了关键作用，避免了中美经济的完全"脱钩"。

面对百年未有之大局和新一轮的全球竞争，郑永年强调市场和企业都应建立起更完备的规则、统一的标准。"西方的规则标准大多是企业制定的，中国企业在过去的发展中往往都是埋头赶路、勤劳致富，但到如今，数量性扩张的时代过去了，我们要进入质量性扩张的时代了，企业一定要主动参与制定规则标准。例如从前中国在传统汽车上没有规则标准还说得过去，但到如今我们新能源汽车发展得如此迅猛，各项技术世界领先，也出口欧美，但却没有推动新能源汽车的标准出台，这是很不应该的。我们为什么没有标准？因为我们没有这个意识。"

↖ 2022 年 7 月，郑永年教授正在参加视频会议。

→ 2022 年 7 月，郑永年教授正参加视频会议，摄制组利用这一机会，同步记录了他们的对话内容。

Zoom 视频会议另一端的香港船王赵式庆，语态谦逊，对话时一口一个"教授"地尊称郑永年，聊了一会儿，郑永年笑着打断他说："叫我永年吧，这样自在一点，老是叫教授，感觉好老了一样。"说罢，双方都笑了，氛围又轻松了不少。

中国的二次"入世"

"当西方搞经济贸易保护主义、经济民族主义，搞逆全球化的时候，我们的国策就是继续推进全球化。我自己把它称为中国的二次'入世'。"郑永年教授说。

美国自特朗普开始，就搞"中美贸易摩擦"和"脱钩"。为了达成第二次入世，"中国提出了加入 CPTPP（全面与进步跨太平洋伙伴关系协定），CPTPP 比 WTO（世界贸易组织）重要，也比 RCEP（《区域全面经济伙伴关系协定》）重要。RCEP 在很大程度上是传统贸易的延伸，或者说是传统贸易的 2.0 版，但是 CPTPP 体现更高程度的开放、更高层度的规则。它的前身 TPP（跨太平洋伙伴关系协定）是美国主导的，美国当时搞 TPP 就是针对中国的。现在中国已经正式申请加入 CPTPP，我们有决心做比较深度的改革，就是制度性的改革和制度性的开放。从这个角度看，CPTPP 就是中国二次入世的抓手"。

"香港是中国所有城市里，国际化程度最高的，且它的规则也是世界性的。所以，如果我们要二次'入世'，第一步就是跟香港规则接轨。跟香港规则的对接，就是跟世界规则的对接。"郑永年教授说。

远至秦汉、唐宋，近至改革开放，中国本身的发展经验更表明了开放的重要性。从 20 世纪 90 年代中国加入 WTO，"我们修改完善了法律、法规、政策体系，与世界经济接轨。中国影响了世界，世界也影响了中国"。从 1997—1998 年的亚洲金融危机到 2007—2008 年的世界性金融危机，再到这几年的新冠肺炎疫情，我们在三次危机中都没有倒下，反而变得更加强大，是开

→ 2022 年 7 月，郑永年教授在香港中文大学深圳校区图书馆等待会议开始。

↑ 2022年7月，郑永年教授接受采访。

放带来了强大，郑永年相信未来中国会沿着开放的路径走得更加深入。

同时，他提出中国的第二次"入世"还需要做到以下几点：第一，规则对接。"20世纪90年代初世界银行的一个报告说，中国各省间的贸易要远远少于每一个省与外国的贸易，就是外贸多于内贸，中国的企业也是这样……没有统一的规则意味着没有统一的市场，导致了中国的市场大而不强。"第二，重视技术，逐步将劳动密集型产业升级为资本、技术密集型产业。第三，重视研发，重视原创性技术，突破卡脖子难题。

提到开放的问题，郑永年言辞恳切，认为中国要对许多领域实现单边开放，就是说"即使你不向我开放，我也向你开放"，尤其是高科技人才，"美国的人才政策始终实行单边开放，这就是为什么世界上有那么多人才都跑到美国去了。我们所做的一切都是为了我们的发展，最终促成国家利益最大化的事情才是我们需要做的"。

中国语境下的共同富裕

面对"当前如何理解共同富裕"的提问，郑教授保持了一贯的思维敏捷，言语之间几乎没有停顿："邓小平先生在80年代中期提出，一部分地区、一部分人可以先富起来，带动和帮助其他地区、其他的人，逐步达到共同富裕，为当时的改革开放指明了方向。进入新时代，共同富裕已经成为中国经济社会发展的最高议程之一。2021年12月召开的中央经济工作会议，提出了当前必须正确认识和把握的五个新的重大理论和实践问题，其中以共同富裕问题为首。"

他说在中国的语境下，"共同富裕是中国社会所认同的一种理想社会状态。人类文明从诞生到现在，始终面临着创造财富和追求公平两个互为矛盾的主题，共同富裕刚好把这两个价值目标合二为一了"。共同富裕不是平均主义，也不是均贫富。共同富裕的实现是一个动态起伏的历史过程，像中国这样的超级大国，比起北欧一些小体量国家，实现共同富裕需要更长的时间。

最后，郑永年认为，"共同富裕是一种包容、开放性的发展，要实现这种发展，必须处理好三个主体之间的关系——企业是经济主体，政府是政治主体，人民是社会主体，保持这三个关系间的均衡"。

在实现共同富裕的这个复杂的过程中，"我们最应该吸取的是现在英美等国民粹主义兴起、社会不稳定的教训。共同富裕不是'劫富济贫'，也不是简单地'分大饼'。我们应该在过去四十多年的基础上，既追求经济增长，又确保社会稳定，并从社会长期和总体利益来思考这一问题"。

郑永年觉得在已经实现共同富裕的社会，有三个经验观察是值得强调的：

第一，上不封顶，不能规定人们赚钱或者积累财富到一定程度就不容许了，实现第三次分配的条件就是社会拥有很多超级富人。应当鼓励人们多创造财富，但同时要通过各种政策尤其是税收减免，鼓励富人捐赠。

第二，下要保底。要保障民生，建立社会保障、教育、医疗、公共住房等方面的基本制度和政策。保底就是要使每个人都可以过上体面的生活。很多人刚刚脱离绝对贫困状态，需要持续关注返贫问题。尤其要特别注重农村的贫困问题，考虑如何实现城乡双向流动。

第三，做大中产。我们现在有 4 亿中产，但就人口比例来说，只占 30%。世界范围内，如果一个社会要成为中产社会，那么中产人口比例就要达到 60%—70%。

→ 2022 年 7 月，郑永年教授在广州接受采访时解答记者提问。

艾诚

艾问传媒创始人，赛富亚洲投资合伙人，获评《福布斯》「30 Under 30」亚洲青年。

艾问・爱问

为众人"艾问"

"我找不到工作。"当被问到为何选择创业时，她是这样回答的。

从中传、北大、哈佛毕业，她一直追求着新闻理想，也曾经在央视任职一段时间。采访的时候，她最喜欢问的问题是："你最恐惧的是什么？"

离开央视后，艾诚把办公室的地址定在了央视附近的富尔大厦，办公室有一面落地玻璃窗，正对着央视大楼。

创办艾问传媒，也寄托了她的一点小小梦想。她喜欢做事纯粹，对于她来说，艾问传媒最值得骄傲的事情就是所有访谈没收过一分钱。

对于企业如何赢利，她觉得有四步：利用信息不对称、创造独特产品、建立个人品牌、品牌转化获利。她知道品牌的转化率最终会决定自己能挣多少钱。

2015 年的她对自己的未来也有一个三年计划：为一人妻，为二人母，为众人艾问。在她看来，"给予"是一切问题的解药。

← 2023 年 2 月，艾诚在家中拿着儿子的绘画作品，与孩子沟通。

→ 2015 年 6 月，从餐厅去往艾诚传媒办公室的路上，我们发现一个密封的集装箱，就请艾诚以它为背景拍下这张照片。

凌晨 3 点，她刚刚做完节目。回到家中，还没来得及卸妆休息，就又开始收拾行装，准备赶早上 7 点半的飞机。那是 2017 年，从哈佛毕业后的两年，她除了创立了一家财经人物媒体"艾问人物"外，也担任了一家亚洲著名风投基金的合伙人，成为若干家估值近百亿的企业的顾问，其中"艾问"节目更是以"记录时代人物，探索创新创富"为追求，遍访全球大家。即便日程再繁忙，她还是不忘妥善地照顾生活，新家的装修设计她一人一手操办，风格清淡，家具素雅，花草环绕。

← 2017 年 10 月，艾诚在北京新家中收拾行李。

朋友来参观，转了一圈，问道："你这里还缺什么？我来送个新家礼物吧。""嗯，缺个男主人。"她答。

分身术

她刚刚从健身中心打完羽毛球回来。进了家门，放下球包，阿姨把准备好的饭菜端上桌，饭菜简单、清淡，她吃了几口，便起身去换了件衣服，准备出门接孩子。在她的身后，好像有一个看不见的时钟在嘀嗒转动，让每件事可以准时运行。

8 年期间，艾诚当年的人生计划已在一一实现。

"在先生面前我是全职太太，在孩子面前我是全职妈妈，在同事面前我是全职主持人"。艾诚笑着说，"他们都以为我是全职的，还有，彭博财经上有我的简历，我是赛富亚洲基金的投资合伙人，也就是说我还是一个专职投资人，每周我还要早上开会，白天看项目。"

上海、深圳、西安、成都、广州……这是她一周之内的行程安排。忙碌的工作节奏似乎并没有令她感到疲惫。今年 36 岁，身形和模样同 8 年前见她时没什么差别，只不过是结了婚，有了一个快两岁的儿子。

她给儿子取名为田艾子问，因为先生姓田，所以这个名字的含义是田先生和艾女士的儿子。小名问问，是来自艾诚创办的媒体品牌"艾问"。

问问 1 岁 10 个月，却有着 3 岁孩子的身高，能举起 15 磅的杠铃，从小学习国学、英语、法语、骑马和绘画，能熟练背诵部分《三字经》和《孙子兵法》。这是艾诚亲力亲为进行早教的结果。

艾诚读了数十本育儿书籍，总结出一条经验：孩子 3 岁前，母亲对他的影响很大。因此在选择做母亲之后，艾诚把自己的角色从节目的主持人、制作人、出品人转变为单纯的主持人。"如果选择一个人的精彩，我可以自己在外闯荡，甚至可以去攀登珠

穆朗玛峰。但我选择一家人的精彩，我更愿意和家人度过一个平静的圣诞夜。这是我的幸福时刻。"

幼儿园离家不远，艾诚接了孩子，牵着他的小手步行回家。两岁的儿子很好奇，总是容易被周边的事物、声响所吸引，此时的艾诚不像是母亲，反而像是孩子的玩伴，一路与他用英语对话交流，一起分享这些见闻。

对于儿子的语言天分，艾诚很是满意："1 岁到 6 岁是孩子学习语言的最佳时机。我让他同时学很多东西，他竟然都有兴趣，哈哈。"至于有人觉得在孩子幼童时期不要增加太多的压力，艾诚不以为然："（在教育上）不要去走一条简单的路。无论他选

择了缓慢的一生，还是激进的一生，平淡的一生，还是颠沛流离的一生。这是他的权利，我完全不会干涉。但是他自己首先得有选择的能力。我现在培养的，就是他未来能够做出选择的能力。"正说着，孩子被路上的石子绊了一跤，艾诚并没有去扶，只是站在他身后观察往来的车辆，然后等孩子自己起来，孩子也没有哭闹，小手撑地起身，自己拍了拍灰，若无其事地继续向前走了。

两岁的问问一边收拾自己晚餐用过的碗筷，一边嘟嘟囔囔地跟他的筷子说话："妈妈说过，筷子每顿饭都要帮我夹菜很辛苦……现在我吃完了，让你舒服地躺下，休息一会儿，我要谢谢你。"

　　艾诚对孩子的教育理念是希望孩子能够平等地尊重自然界的一切事物。"我会对孩子说，其实我们跟树、跟蚂蚁，跟我们接触到的许多事物都是同类。"她总是呵护着孩子的想象空间，让孩子从不同的角度去看待这个世界。"哪怕孩子太小还不太能理解，我也给他讲述很多人间真相。人间不只有玩具和美食，还有战争和饥饿。人的成长过程中一定会经历挫折和磨难，我也希望他从小就有意识地看清这个世界。"

↑ 2023 年 2 月，艾诚和儿子问问从幼儿园返回家中。

→ 2023 年 2 月，艾诚与儿子问问在家中。

红裙"战袍"

2004 年，艾诚以黄山市文综状元的身份考入中国传媒大学。本科期间接受白岩松的邀请，到央视《新闻周刊》栏目实习。大学四年，她在新闻系所有专业成绩都是第一名，免试保送到北京大学读研究生。"后来，我得到了在联合国总部实习的机会。"艾诚翻出相册中在联合国工作的照片，仿佛那段青春时光又得以重现。也就是在那段时间里，有一次她在世界银行参加年会，恰巧央视采访团队临时需要一名双语主持人救场，她就以志愿者的身份协助访问了央行行长和财长。再后来，她就成了 CCTV 驻纽约的财经评论员。

艾诚的书架上摆放着几套不同版本的《胡适全集》。"胡适先生是我的老乡，也是我的偶像。胡适不争，不追逐名利，生活过得简单、活得纯粹。我希望我也可以做到。我总觉得人生一世，信什么都可以，只要不信'比较和计较'。"这个态度，可能也是她选择离开央视、创办艾问传媒的原因之一。她希望作为独立客观的第三方，以自己的方式，为这个时代留下一些值得参考的记忆。这份坚持，也为她带来不少荣誉，包括"全球杰出青年""全国三八红旗手""中国 30 位 30 岁以下创业者"等称号。

艾诚的衣帽间里最多的衣服应该是她标志性的"红裙"。许多报道都将艾诚称为"红裙女孩"，她喜欢这个称呼。"红裙是我的最爱。每当有重要场合，我就喜欢穿红裙，时间久了，它成为我表达的一部分，成为我的一个标志。"对于这个标志，她有特殊的考量。"财经圈是个以男性为主导的圈子，在这个圈子里，作为女性，我需要平等的对话和醒目的自信。"

著名财经作家吴晓波说："红裙，就是艾诚的战袍。""红裙"是艾诚的符号，也是她专业的态度。"在大多数情况下，我不会有意识地想到自己是男性还是女性，但我清醒地知道自己所扮演的角色。"除了担任主持人以外，面对"投资人"这个角色，她

↗ 2023 年 2 月，艾诚从幼儿园接完孩子回到家中。

也没有放过自己，"我做投资人，也是以专业的态度对待，不是玩玩，也不是给自己多加一个'title'（头衔）"。在她的投资履历里面，不乏视频独角兽公司"影谱科技"（Moviebook）、地平线机器人（Hirozon）、字节跳动等成功案例。

艾诚的"时代纪录 三十六问"

1. 如果你可以和世界上任何人共进晚餐，你会选择谁？
   19 世纪传播学者李普曼。

2. 在打一通电话之前，你会排演在电话中说什么吗？为什么？
   不会，生命是直播，不是彩排。

3. 你认为最完美的快乐是怎样的？
   能者多劳，智者多忧，无能者无所求。

4. 如果你可以活到 90 岁，并能在 30 岁后让体态或者大脑其中之一一直保持在 30 岁，你会选哪个？
   智慧的灵魂与好看的皮囊。

5. 你最希望拥有哪种才华？
   不再恐惧。

6. 你认为自己最伟大的成就是什么？
   天生好奇，做爱问的姑娘。

7. 何时何地曾让你感觉到最快乐？
   人生不过百年，索性笑它三万六千场，一日一笑，此生快哉！

8. 你觉得最奢侈的是什么？
   给时间以生命，给岁月以文明。

9. 你最糟糕的一段回忆是什么？
   谣言被击碎前被恶意污蔑。

10. 你的人生中是否有过非常尴尬的时刻？
    主持第一句话"欢迎来到 xx（某地）"，但忘记自己身处哪里。

11. 你上一次在别人面前哭是什么时候？在自己面前哭是什么时候？
    我从小就是好哭佬，现在也是，"新娘上轿不哭不发"。

12. 有什么事情或者人是绝对不能开玩笑的？
    以前什么都不能开玩笑，现在什么都可以开玩笑。

13. 如果你知道你一年之后会死去，你会想改变你现在的任何生活方式吗？为什么？
    提前与这一段人生告别，改名换姓，启动体验第二段人生。

14. 你最珍惜的财产是什么？
    善因善果。

15. 你最恐惧的是什么？
    只有两样东西可能没有极限，其一是宇宙，其二是人类的愚蠢，爱因斯坦说的。

16. 你最痛恨自己的哪个特点？
    太在乎时间。

17. 你最痛恨别人的什么特点？
    欺骗。

18. 你人生到目前为止最大的教训是什么？
    因无知被欺骗。

19. 你对自己外表的哪一点不满意？
    在韧性之余更柔些就更好了。

20. 你认为自己的哪种美德是被过高评估的？
    勤奋。

21. 你最喜欢的职业是什么？
    我选择的事业，访人、投人，主持人、投资人。

22. 你使用过的最多的单词或者词语是什么？
    OK，好的。

23. 你这一生中最爱的人或东西是什么？
    这一生还没到终点，现在没资格回答。

24. 你最后悔的事情是什么？
    没有如果，没有后悔。

25. 如果你可以改变你家庭的一件事，那会是什么？
    2020 年 2 月奶奶和爸爸的同期离世。

26. 你希望以什么样的方式死去？

四世同堂以后。

27. 人生中你最感激的是谁？

心之所向，逆境而生，一直不让苦难上脸的自己。

28. 还在世的人中，你最钦佩的是谁？

每一个自强不息的生命。

29. 你最喜欢女性身上的什么品质？

对外顶天立地，对内没有脾气。

30. 你最喜欢男性身上的什么品质？

对内顶天立地，对外没有脾气。

31. 你觉得哪一个年龄段是人生最好的阶段？

出生的那天和明白为何出生的那天。

32. 当钱不是问题时，你最想要过的理想生活是怎样的？

当下的生活。

33. 除了工作，你最大的爱好是什么？

呼吸，慢点呼吸就是睡觉，快点呼吸就可以打羽毛球。

34. 你的人生是否依然有梦想？这个梦想是什么？

有，推动传媒立法。

35. 一生中你有没有不变的信条或者座右铭？

让理想更理想，让现实更现实。

36. 在你面前，未来是一幅怎样的图景？

最诚实的答案是，我真的不知道。

晓

昱

物质生活书吧、中国杯帆船赛创始人。

追心中的海，
逐世界的梦

等"风"来

十几年前，她说要做帆船赛，我还记得我们当时在书吧就方案聊了许久。我给她列出了一个长长的清单，上面写的都是重重困难，企图以此打消她的念头。结果她凭着惊人的韧劲儿和出人意料的资源整合能力，打造出了亚洲最大的帆船赛事——中国杯帆船赛。

这 15 年来，每年的 12 月，各国前来参赛的帆船都是深圳海域上最亮丽的一道风景。

"中国杯其实是个入口，经营的是对帆船感兴趣的新贵阶层，股东们的投资通过这个平台获得溢价，还有赛事管理、培训、旅游、船艇交易的产业链，这里有想象空间。"

晓昱曾是深圳电台"心夜航班"主持人，物质生活书吧创始人，中国最大帆船赛事"中国杯"的创始人。"做媒体时是旁观，现在多了自省和觉察，"2015 年时，与晓昱在华侨城创意园办公室楼下聊起"中国杯"，她说，"喜欢这儿，因为不像上班。"

"2004 年，在法国拉罗谢尔船厂定制了一艘帆船，然后把它开回了中国，在那个时候，我们并没想过，这是中国民间大帆船运动的一个起点，是中国人首次洲际远航。我们第一届就有 13 个国家和地区的 50 多个团队来比赛，在中国的海面上，我们从来没有看到那么多的帆船同时出现过，像是个幻觉。"晓昱说。

2007 年是中国大帆船运动的元年，后来中国杯帆船赛已经成为亚洲规模最大、最具影响力的帆船赛事。"为什么中国有 1.8 万海里的漫长海岸线，可是我们离大海的距离却这么遥远……我们离大海有多远，就离世界有多远。"

也有人会问她，在这个过程中是否想过放弃。对于晓昱而言，这根本由不得她放弃，因为她根本就停不下来："也许我们走着走着的时候，会像哥伦布一样发现新大陆，像是神话。当然也有可能只是走到一个荒岛，像是一个笑话。在神话和笑话之间，我觉得是需要时间的。做中国杯的十年，我的收获是，只有

← 2016 年 9 月，晓昱在她新开的会所"御风者"（深圳体育场原芝加哥酒吧）。

227

认为问题都出在你自己的身上，才能找到解决的方法。如果你认为问题都在别人的身上，那这就是一个无解之题。"

帆船运动教会了她什么叫等待，"因为在海上，没有风的时候，你只能等待"。对晓昱来说，很多东西都是在实践的过程中，才能沉淀出对这个世界的认识，也才能沉淀出对自己的认识，也可能包括一些新的商业模式，"会随着这个时间流逝慢慢浮现，就看你能不能做一个执着的守候者"。

2013年，美洲杯帆船赛在旧金山举行。她知道我当时在伯克利念书，就多备了一张票，我也便有幸近距离一睹这项全球顶尖赛事。"十年做一件事，我的终极梦想就是把这'奢侈'的运动变成一种平常。'追心中的海，逐世界的梦'是我的口号。"

在那之前几个月，晓昱又辟谷14天，她认为人需要的能量其实很少，摄取能量的方式不止于进食，还可以和宇宙进行能量交换。人们大量的摄取和占有往往并不是因为需求，是源于欲望

↑ 2015年7月，晓昱在华侨城创意园中国杯办公室楼下。

→ 2016年9月，晓昱在她新开的会所"御风者"。

← 2016 年 9 月，晓昱在她新开的会所"御风者"，前景男士为设计师韩家英。

↘ 2016 年 9 月，纪录片《滨海深圳》十周年，主创团队与嘉宾再聚首。左起：晓昱、韩家英（前）、徐荣（后）、王石、金敏华、邓康延、郭红飞。

和贪念。

"时间，无论你愿不愿意，喜欢、讨厌，痛苦、快乐，它都会流逝。"所以在面对时间的时候，她觉得应该是在时间里更多地沉淀自己想要的东西，如果通过沉淀有所收获，哪怕是一个惨痛的教训，她觉得就谈不上后悔。

给时光以生命

如果说晓昱是深圳文化圈里一个现象级的存在，我想大概不会有什么人反驳。20 年前，在那个大家对"书吧"这个名词都还很陌生的年代里，晓昱创办了一代深圳文化人的群体记忆——"物质生活"书吧。

20 年的时间里，那里成了深圳一个现象级的场域。以至于曾经有一段时间，一众文化人晚饭后的生活不是在"物质生活"，就是在去"物质生活"的路上。

2020 年，物质生活 20 周年庆，不少友人凑在一起笑谈。《晶报》的总编大侠（胡洪侠）说，"物质生活"是一个既老又新的空间，它是用来回忆的，是用来寻找自己的。从经营的层面上来说，书吧实在是一个不大挣钱的行当。很多时候甚至还不是不挣钱，维持收支平衡都难。20 年来，书吧的房租涨了不少，但一杯咖啡却没怎么涨价。晓昱也曾经想过要不要搬迁，但看着那些曾经在书吧做作业的少年，如今已经在各自的领域当中崭露头角，看见那些陪伴城市成长的老友，依然期待着在书吧里的不期而遇，她也就打消了搬迁的念头。

　　"做过电台主持人，写过两本书，开着一间叫作'物质生活'的书吧，推广着中国顶级的大帆船赛事，始终做着自己。"这句话是晓昱写在微博上的简介。

那些年下来，她对自己的认知愈发清晰，对自己的目标愈发笃定。她用长期主义的思考，经营着物质生活书吧，经营着中国杯帆船赛。同时，她似乎也有一些堂吉诃德式的执念，对于那些即使是昙花一现的瞬间，也愿意去坚守它们的美好。

2018 年，她在深圳体育馆开了一家餐厅，叫"东西小院"。一众好友齐齐捧场。从琚宾的设计开始，到平面设计韩家英、景观庄镇光、家具设计卢志荣老师，还有黑一烊、吴蔚的艺术装置，邢莉的香云纱，用一砖一石、一草一木、一杯一盏，精心打造出一个艺术空间。同时用这个空间建立一个美食与文化的实验场，连接那些热爱美好生活的人们。希望能通过这小院，探寻食物背后的风物、历史、文化，引领和共创城市美好的生活方式。

↓ 2020 年 11 月，晓昱和团队一起，在正在拆除的东西小院里。

"东西小院"其实近乎一场行为艺术，因为晓昱从开始经营的那一天就知道。这个区域迟早要拆，是一个注定会迅速消逝的空间，一朵会被城市发展吞没的浪花。

晓昱在面对东西小院消逝的场景时，引用了帕斯卡的话，"给时光以生命，而不是给生命以时光"。她毫不后悔地坚持认为东西小院是上天赐给她的一份礼物，让她完成了艺术家的梦想。

面对最后的告别，晓昱又组织了"东西小院五日谈"。用长达5天的时间，每天请一帮人就一个话题进行讨论。这些话题当中包含了城市公共空间的价值、城市创新以及城市公共艺术等等。她把告别也办成了一场艺术和文化盛事。

晓昱希望通过这样的一场活动，让告别也可以从容、欢乐，同时留下一些回忆与思考。六十余位不同行业的嘉宾完成了"消失的东西——记忆·再造"的讨论。他们共同输出的价值，为这座城市也留下了一些思考。

人们发现在告别时，东西小院可能迎来了她最有价值的高光时刻。

东西小院存在了两年多的时间。有人说，这是不可理解的无用之功。嘉宾郑伟鹤兄说得好："这些看似没有结果的无用之功，恰恰是让我们在一路狂奔的时候，还能留有余地追求美和爱。"

乐领创始人、前知名地产人罗雷说："一个后现代的城市，一定要有一帮有趣的闲人。"有趣，才能为一座城市创作艺术之美、生活之美以及精神之美。

应该感谢晓昱、王晓坤、琚宾、韩家英、庄镇光、黑一烊等这些人，因为他们似乎正在努力为这个城市找寻和建立一些"有趣"之美。

你很难想象在晓昱这个小个子女生身上，有那么多的能量、那么多的精力，承担那么多复杂的角色：书吧老板、帆船赛创始人、创意餐厅经营者、母亲、妻子。

其实晓昱还曾经有一个被人们渐渐遗忘的身份，那就是她曾是深圳广播电台的著名节目主持人。那时她与另一个深圳人同

样非常熟悉的广播电台节目主持人胡晓梅，分别在两个电台频率中，主导着深圳人的夜空时间。晓昱的节目叫"心夜航班"。那段担当节目主持人的日子里，她也汇集了自己的思考，出版了一本纪实作品《用声音抚摸深圳》，一本随笔《深圳不说爱》。即便到今天，你与她通电话的时候，那温婉的声音，依然听来亲切，充满善意。

如同她曾用"希望"二字概括她节目的主题，感觉这两个字也是她的人生主题，更是她看待人生的方法。就像在面对消逝的东西小院时，她说："东西小院的暂别，不是一种失去，而是一种得到。不是一种结束，而是一种开始。"

← 2020 年 11 月，晓昱站在正在拆除的东西小院里。

↓ 2020 年 11 月，晓昱在正在拆迁的东西小院前。

生活的"暂停键"

"这一年我做的饭，相当于前半生做过的饭的总和。"晓昱一边准备着沙拉的原料，一边笑着说。因为孩子上学的契机，她现在暂居纽约。可能深圳和纽约都是移民城市，她倒没有觉得有什么不太适应的地方。生活必需品商店都在步行可达的距离内，不同的是没有了司机、保姆、助理，所有的事情都要自己亲自动手。"但渐渐地你会发现这种具体细微的劳作让内心充满宁静，专注投入于对食物和享用者的爱中，何尝不是一种修行。"

端上一杯咖啡，来到窗前，欣赏一会儿景色。3月的纽约还是有些春寒料峭，但是窗外中央公园的植被，已经在朦朦胧胧地发着新芽。这是她打开每天早晨的方式，也是她一天当中最惬意的时光。

← 2023 年 3 月，晓昱在纽约租住的公寓里准备午餐。

→ 2023 年 3 月，晓昱在纽约租住的公寓里晨读。

　　没有了社会的身份和那么多朋友，多的却是时间，她并不感到寂寞，美术馆、音乐厅、博物馆和画廊、中央公园是她常去的地方。相比过去，没有了深圳社交场上的喧嚣，却多了更多微小和深入的聊天。"有的时候距离像是一个筛选器，帮你筛选什么才是重要的人和事。"但是她的时间表还是很紧张，"感觉每一分钟都在学习，每一分钟都在被滋养，每一分钟都不想被浪费，有的时候甚至在梦里，都在学习"。

　　她喜欢纽约。

　　虽然在洛杉矶和纽约长岛也有很多的朋友，但是她更喜欢曼哈顿的激情、自由和丰富。作为庞大的信息中心，这里时刻碰撞的火花，时常让她惊叹和兴奋。在她的感觉里，"洛杉矶的城市形态有点像摊大饼，效率实在太低了。长岛有点太安静，感觉像养老了"。

晓昱在国内颇有建树，很多朋友对她纽约之行感到意外，觉得她放弃太多。她对此不以为然，从 20 世纪 90 年代担任广播电台《心夜航班》主持人开始，到物质生活书吧创始人，再到中国杯帆船赛创始人，这几种身份彼此之间似乎都没有什么必然的联系，有的就是她对自我持续不断的探索，持续不断地走出自己的舒适圈。2023 年 7 月 31 日，在深圳百花二路扎根了近 23 年的物质生活书吧也正式闭店。舍和得，在她心里有一杆秤，"其实，不是你更能舍弃什么，你只是更明白什么是你绝不能舍弃的"。

下午约了闺蜜去 SOHO 看画展。她又精心地准备了一番。

她整日被纽约各处应接不暇的展览或演出吸引，如同一块海绵一样不停地吸收，贪婪地害怕错过任何一个精彩的瞬间，忙得不亦乐乎。

↓ 2023 年 3 月，晓昱在纽约。

纽约给了她一个场域，满足她仍如孩童一般的好奇心，同时也给了她一个契机，更多地放下，更多地内观自己。这一趟"静、定、慧"的旅程，让她有机会抵达内心的细腻和柔软，专注于那些她认为真正重要的事儿。

除了擅长发现美，她还擅长发现美食。纽约汇聚了世界各地杰出的厨师，但即便是本地人，都未必能找到那些有趣的餐厅。作为物质生活书吧和餐厅的创始人，她的日程表上，探寻美食也是一个始终不变的主题。虽然来的时间不长，但是她俨然已经成为大家心目中的纽约美食向导。

一路放下，一路欣赏，一路吃吃喝喝，潇洒得宛如苏东坡的《定风波》。但是按照晓昱的性格，似乎所有放空沉淀的机会，都在酝酿着一个新的开始。

天气有些冷，还飘着零星的雨点，但她觉得适应。"我每天都会这样走一走，曼哈顿不大，街道尺度也比较友好，所以我用脚来触摸这种城市。"她平时没有健身的习惯，这应该就算是她的日常锻炼了，沿着公园大道，不知不觉走了20条街，从纽约的中城区走到上城区。

也许和纽约的信息爆炸有关，可以感觉到她对信息的处理，多了一些维度，思考也多了一点广度。交谈时，对于提出的问题，她的答案少了一些确定性，多了一些不确定性。在一个信息过载的大时代里，科技改进了信息对称的可能性，但对于信息的甄别和处理则是一种考验。"所以重要的不仅是信息，还有对信息的处理和转化能力，使每个人的选择和命运有所不同。"

如何面对一个不确定性逐步增加的世界？"不确定才是世界和人生的美妙之处和发展的根源，而在大时代的不确定中保持独立、开放、学习和一些不变的底线或许是最好的回应。"

对于未来她谈得不多："过去的我总觉得无所事事很有罪恶感，总想争分夺秒，总想追求意义。也许无意义才是生活的真谛。"也许暂停是为了更好地出发。

"物质生活" 20 年（节选）

——

晓昱

2000 年 8 月 28 日下午时分，在百花二路和五路这个三岔路口还散发着淡淡油漆味儿的新空间里，我把最后一本新书摆上椭圆书台，替服务小妹黑色滚橙边的围裙系好腰带，然后对他们说，开门吧。没想到，这一开，就是 20 年。

那时的我，刚刚结束一段轰轰烈烈却无疾而终的北京爱情故事，回到深圳，也刚刚写完一本讲述深圳人的口述实录，无所事事。在新世纪的阳光下，游荡在深圳的街头，一个念头就在那个时候产生了："开一间书吧，卖一些喜欢的书，认识一些有趣的人，做一些有意思的沙龙，然后写下一些文字。"这几乎也是我当时能想到的、唯一喜欢也适合去做的事了。

那时候在振兴路上一间名典咖啡厅，我"打动"了我的合伙人，这些天使投资人其实都是我多年的"狐朋狗友"：Linda，一个港资公司的行政女文青；胡宁，国企

里的经济学硕士，正跃跃欲试准备远渡重洋；胡宜，刚告别银行的精打细算，走入律师行业；赖灿辉，曾经的老记一名，时任律师。那也是他们人生的第一次投资吧，都不是什么有钱人，完全没有风险意识，也纯粹是一腔文艺梦以及帮助一个创业女青年的善意，我就这样成了一个私营小业主。每人几万块，我多出一份，成为大股东和实际经营者。店名拜我电台前同事陈溶冰所赐，取自法国女作家杜拉斯的随笔集《物质生活》，其实是对深圳这座年轻城市的反讽和调侃，人人似乎都是来这里追求物质生活的，而我想做的却是在这个物质的城市里构建一个精神的空间。在这个人均购书量号称第一的城市里，除了浩浩荡荡的书城，几乎没有一间有态度的人文书店，我们没有北京的万圣书园，也没有上海的季风书店，甚至也没有寸土寸金的香港的二楼书店，更不要谈那些文

化沙龙了，我觉得书店不只是卖书的地方，还是一个链接爱书的人的客厅。他们说，这里是文化的沙漠，好吧，那就让我做一个沙漠里的绿洲吧，哪怕很小。

开业

紧张的设计、装修、办证、采买、招聘、培训之后终于开业了。开业那天高朋满座，深圳文化圈、电台老同事、各路老乡老友老同学纷纷捧场，好像一个新的时代就此开始。而我的身份从包工头摇身一变，成为集图书管理员、店长、策划、公关、老板于一身的多面人。

如果20年前，你路过"物质生活"的玻璃窗，看到一个衣着光鲜的女子坐在那里冲你微笑，你千万别会错意，她只是在想，这人怎么还不进来？当你坐进来，拿着菜单，她紧张地盯着你，只是在想，拜托，别只喝一杯咖啡坐一下午。好吧，我承认，未开店时曾经以为的文青梦，什么听着美妙的音乐在咖啡香中随意翻本书的浪漫生活完全是子虚乌有，每晚关店之后猛敲计算器、锱铢必较、俗不可耐的"市头婆"才是真实的，还有偶尔的滋事顾客和不靠谱的员工让你怒火中烧。相当长的一段时间，我都没有静静品一杯咖啡的心境，我每周要去几趟八卦岭批发市场选书，为了挑好的书，我还和万圣书园、学而优合作，从他们拿深圳批发市场没有的书，哪怕利润微薄得可怜，但一定要保证是我想要的书，这样书店的书终于吸引

了大量的文化人。而我每天坐镇店中，抓出品、培训员工、建立工作规范、策划各种活动。更重要的是面对客人，不管喜不喜欢，都得热情服务。晚上朋友来了，陪吃陪喝到深夜更是常态。麻雀虽小，五脏俱全，阿庆嫂迅速附体。多年后，我才知道这一段经历对我有多么宝贵，它让我从一个媒体观察者成为一个真正的实体经营者，让一个靠直觉生存的理想主义者逐渐洞察商业的本质，更让一个崇尚自由的个人主义者明白什么叫责任，尤其是到了交房租、发工资的时候。

奇妙的"红线"

书吧是文化人聚集之地，有时也是人与人之间联结的一条奇妙的红线。当年书吧的收银员阿琴就是在这里遇见了书吧的经理，相恋结婚生子，而他们后来也跟随我做了更多的事。"物质生活"18周年之际我们做《壹拾捌展》的时候，我请她提供代表18年前和今天的两件展品，她提供了当年在这里喝水的水杯和孩子现在喜欢的蒙奇奇，我把它们放在最显眼的地方，望见它就让我心生欢喜，因为书吧产生了一个新家庭。如今声名远扬的经济学家向松祚曾经是早期"物质生活"的常客，他是蒙代尔的学生，曾经在年轻时因为《卖桔者言》给张五常教授写过信，张教授还给他回过信，但却一直无缘相见。早在2002年移居深圳的张教授也因书吧各种因缘际会成了我的忘年交，他的好几

个圣诞、新年派对就是在书吧里跟我们一起度过的。某一个夜晚，我终于完成了向博士和张教授的引见，他们一见如故，不仅开启了学术上的友谊，也促成了蒙代尔和张五常这对老朋友在中国的多次相会。有趣的是这个故事到此还没有结束，十几年前的夜晚，你若到物质生活书吧，一定会见到一个身材高挑、长发蓬松、颇具异域风情的姑娘在弹着吉他唱歌，歌声空灵而忧伤，她的长相和歌声都不是那种让人惊艳的，但却有着说不清道不明的魔力。她给自己起了个名字叫墨菲，白天在外企上班，晚上则在酒吧唱歌。我们在她的歌声里笑与哭，她唱着唱着就成了我们的好朋友，唱着唱着就在这里认识了大名鼎鼎的诺贝尔经济学奖得主蒙代尔教授，然后有一天就背着吉他去了哥伦比亚大学，成为蒙代尔教授的学生和助手，毕业后在华尔街工作。在她的婚礼上，正是蒙代尔教授代替她已故的父亲，牵着她的手把她交给了新郎。这就是书吧的奇妙之缘。

有一天在香港电影院的门口，友人金敏华排在许鞍华导演的身后，他无知无畏地跟许导说，深圳有一家物质生活书吧。许导温和地说，好啊，你发些资料给我。几个月后的一天，许鞍华导演真的站在了"物质生活"的门口，她甚至拒绝了我们的接送，那天她带来的演讲话题是《新浪潮和香港电影之前世今生》。十几年前在深圳漂泊成长，2020年以《回南天》拿了韩国电影大奖的导演高鸣，也曾受我邀请到"物质生活"分享，他回忆起当年就

是在这里听了彭浩翔的分享《我是怎么走上了导演之路的》，突然找到了自己一生的追求，开始走上导演之路。又一年，人称"书吧拉客"的老友、移居美国的沈浪在科罗拉多一个小镇上邂逅了刘再复，而刘再复老师曾经于2004年在"物质生活"做过一次小型讲座，就是因为这个共同的渊源，他们在异国小镇成了忘年交。

于我，"物质生活"又何尝不是一个礼物，承前启后串起我的人生，让我遇到了这么多有趣的人、有爱的人、有才的人。还记得那个当年艺名还叫"小弟"的歌手陈楚生，安静地坐在书吧角落里唱歌，忧郁的歌声总是击中游子的心房。还有那个默默坐在窗边的男子，原来他是在构思《天堂向左，深圳向右》。而另一个青年则在书店拿起一本《西藏生死书》，如获至宝，若干年后他说，这本书改变了他的下半生。那个喜欢穿花衣，买一大摞书，永远都点一壶茉莉花茶的女子，店员口中的茉莉花小姐，原来是地产大鳄。而那位每次喝完一支喜力，服务员问"您再来一支吗"，他总说"OK"的著名文化人，在"物质生活"获得了一个新的名字"OK先生"。而总在人声鼎沸时，有一人儿背着手，趿拉着鞋晃了进来，原来是住在楼上的老贫头陈绍华。

我们总会不约而同在这里相会，在这里分享新书、电影，吟诗讲段子，我们在这里为政治、文化、理想、爱情而争论不休，我们在这里唱歌、跳舞、饮酒、作乐。桌子总是越坐越大，有时夜深了，或

许我们就坐在"物质生活"门口的台阶上吃一串烤串，才舍得各自散去。那真的是一段"无所事事""无牵无挂"纵情欢乐的时光。我们在这里相遇，也在这里送别。有人去往天堂，有人散落在天涯。

我想念那个总是在夜晚斜挂着小包，摇摇晃晃走进书吧，迷迷糊糊被人扶出书吧，才华横溢、快意江湖的登徒子。亲爱的威哥，你在天堂还会喝我教你喝的龙舌兰吗？撒一圈盐在虎口，再挤几滴柠檬汁。我想念笑意盈盈、白衣飘飘的女孩娃娃，你和蒋志在这里开启了"物质生活"的影像之旅，你知道爱你的人在你走后是在"物质生活"送你最后一程吗？

青春总要散场，爱人总有离别，但回忆一直在。

重装返场

"物质生活"20年除了开业的那次，还经历过两次装修，一次是2002年的扩建，一次是2010年由张达利主导的翻修。2018年，书吧已经陈旧不堪，我邀请合作过好几个项目的好友琚宾重新设计了"物质生活"。仿佛是觉得"物质生活"已经不是我这一代人的"物质生活"，而应当是新一代年轻人的平台，我跟琚宾说，少花钱，可以做得更年轻化一些，可以有大改变，唯一必须保留的是"物质生活"的字墙和落地凸窗，那是书吧的标志性记忆。他用我们都喜欢的艺术家徐累的画的色彩和构图关系构思了新的"物质生活"。

重新出发的"物质生活"因为琚宾的装修，也因为我们持续生产以设计和生活美学为导向的内容，被再次激活。年轻的设计师们和新一拨的文艺青年们又开始了在"物质生活"的相会。社区的居民和孩子们也更热爱待在这个更加舒适的空间里。我们的生意更好了，但亏损却也更多了，因为房租、人工都大幅增加。

时间就这样来到了2020年，开年没多久，就碰上了疫情。书店被迫关闭了近三个月，可房东却一分钱房租未减，还在7月份的时候继续调高了租金。新租约续签的时候，我对自己说，怎么也要在这里度过20岁的生日啊。2020年是深圳特区建立40周年，而"物质生活"也已经20岁了。在疫情前，我已经和金敏华商量好了为"物质生活"的20年出一本书，记录下这一代文化人的青春记忆，记录下这个社区的温度与周边学校孩子成长的印迹，记录下这个城市的一段历史。我坚信，每一个深圳人都是一部微缩的深圳史、社会史，这部书的出发点在于"物质生活"，而时间与空间的距离是它无限延伸的半径，而终点会去向哪里，我不得而知。因为疫情，敏华困在香港，书店关门，不仅书的采访和写作无法正常进行，许多线下纪念活动也搁浅了，却也激发了我们很多新的创意。

我策划了三个系列活动，其中重要的一项就是邀约老朋友、小朋友写稿，持续在公众号上发出；第二项是邀约二十多位设计师为我们设计纪念海报并最终成为展览；第三项是朗读者系列，邀约新朋旧友进行朗读者接力，每人在视频号上任选诗歌、散文、小说等朗读一分钟。许多大咖都参与了我们的活动，周国平、北岛、贾樟柯、王石……更让我感动的却是，我还发掘了很多在"物质生活"不同阶段走过的陌生的老朋友，忆起往事，也打开新世界。完全没有想到这些事件累积起来，再加20年的时间沉淀，不仅获得大家的支持，更引发了巨大的反响。

特别是很多稿件陆续从世界各地收回时，忽然觉得自己成了一个时间的搜集者，每个人的时光碎片就这样捧在了我的手心，我一下子成了世界上最富有的人。在图像视频充斥的时代，文字是如此的珍贵，有一刻我觉得自己有点像他们与记忆的旁观者。记忆是多么神奇，一旦唤醒，汹涌而至，可记忆又是多么不可靠，每个人的记忆如此不同，每个人在自己的版本中重塑历史。在"物质生活"这个空间里，有的有交集，有的相互平行，有的人生因书吧多了一抹色彩，有的人生因这里走向了另一个路口，而我终将把这些碎片拼成一个相对完整的版图。在这里你将看到的绝不仅是"物质生活"的20年，还是深圳的20年、人生的20年，这只是他们生命中的一部分，但当书写下来，变成文字，对于社会而言，部分或许就大于全体。而百花二路将不再只是百花二路，"物质生活"也将不只是"物质生活"。它不仅是历史，也是当下，更活在了未来。无论你在场或不在场，它都将和你连为一体。

也许人生最幸运和最珍贵的事情，是因为"物质生活"，遇见了你们，因为遇见你们，我的人生因此变得丰盈、温暖、精彩。20年好长，长到一个婴儿可以长大成人，长到一个青年可以结婚生子，长到怀揣梦想的人已梦想成真，长到豪情万丈已成惘然四顾。20年又好短，短到所有的事情就好像发生在昨天，书正香，酒正醺，欢笑中，你还在。

几年前我在纽约的华尔道夫酒店床头看到一本摄影集，摄影师捕捉了一百年前的和今天的纽约街道，我惊讶地发现，几乎没有任何变化，那些高楼大厦自不用说，就连街边的那一间面包店、洗衣店也依然和一百年前一样。在我们所生活的这个追逐速度和变化的城市和时代里，历史尚未成为历史就已经被推倒和淹没，而20年的坚守虽然孤独艰难，却也因此活成一个城市的独特样本，给人们某种相信和慰藉的理由。"物质生活"得以成为一代深圳文化人的集体记忆，也成为我们个人青春的美好注脚。

聂鲁达写过："爱情太短，而遗忘太长。"而我们却是，心灵相逢，一瞬也是永恒。"物质生活"是时间的收集者，也是我们的接头暗号，在我最美的年华，我们因它一起走过，这杯20年的美酒，已经够我享用一生。

20年来，有很多人建议我多开几家店，也有很多商场和地产商想找我合作，但我都拒绝了。把它当成一门生意不是我的追求，而没有了社区温度的书店也不是我的初衷，我也不知道这家街角的小店可以坚持多久。随着岁月的流逝，我越发相信，无论有意无意，她的存在已经成为一种证明。而时间的力量可以穿破庸常、穿透黯淡，除却光芒与温暖，还带来想象。

2020 年也许是 21 世纪以来最多变数与灾难的一年，我却等到了对的人，对的时机，把小小的"物质生活"期待已久却未能实现的梦想在蛇口 G&G 社区实现。5 000 平方米的超大厂房改造的新空间，将实现书店、展览、演讲、表演、集市、美食的综合功能，成为新一代年轻人展现自我、社交、学习的平台。

20 年前，我想以精神对抗物质，所以起了这个调侃的名字"物质生活"，而今天，以美好对抗平庸，我们恰恰可以在一个更高的维度上大胆地追求高品质、高价值的物质生活。

物质才恰恰是不灭的。

这些年，我在全世界旅行，书店当然也是我重要的一站。从旧金山的"城市之光"，到巴黎的"莎士比亚"，再到伦敦的查令十字街旧书店，我像一个朝圣者一样走进这些书店，久久不肯离去，贪婪地打量每一个角落，抚过旧书架上的书，仿佛这里的空气也有故事。斯人已逝，但传奇永留，周围的人们出出入入，这也许就是他们日常生活之一景，没人留意这个中国女子，她心中早已翻江倒海。

晓昱的"时代纪录 三十六问"

1. **如果你可以和世界上任何人共进晚餐，你会选择谁？**
   最爱的人。

2. **在打一通电话之前，你会排演在电话中说什么吗？为什么？**
   不会，有些逻辑已经成为身体的记忆。

3. **你认为最完美的快乐是怎样的？**
   这世界上没有完美。

4. **如果你可以活到 90 岁，并能在 30 岁后让体态或者大脑其中之一一直保持在 30 岁，你会选哪个？**
   大脑。

5. **你最希望拥有哪种才华？**
   创造力。

6. **你认为自己最伟大的成就是什么？**
   离伟大很遥远。唯一值得欣慰的是一直坚持做自己。

7. **何时何地曾让你感觉到最快乐？**
   很多个小瞬间，比如生下孩子的那一刻，或实现了一个小目标，和智者的一次聊天，看到大开脑洞的艺术品，喝到一瓶接近 100 分的酒等。

8. **你觉得最奢侈的是什么？**
   坚持做自己喜欢做的事，但未必得到世俗意义上的回报。

9. **你最糟糕的一段回忆是什么？**
   一些看到人性阴暗的时刻。

10. **你的人生中是否有过非常尴尬的时刻？**
    中国杯帆船赛的一次颁奖晚宴现场，执行团队有重大失误的时候。

11. **你上一次在别人面前哭是什么时候？在自己面前哭是什么时候？**
    父亲去世的时候。

12. **有什么事情或者人是绝对不能开玩笑的？**
    别人的身体缺陷。

13. **如果你知道你一年之后会死去，你会想改变你现在的任何生活方式吗？为什么？**
    会，更多地陪伴家人和好友。

14. **你最珍惜的财产是什么？**
    信任。

15. **你最恐惧的是什么？**
    疾病。

16. **你最痛恨自己的哪个特点？**
    对自己不够狠。

17. **你最痛恨别人的什么特点？**
    没有责任心。

18. **你人生到目前为止最大的教训是什么？**
    过于关注意义。

19. **你对自己外表的哪一点不满意？**
    这个年龄已经都无所谓了。

20. **你认为自己的哪种美德是被过高评估的？**
    坚强。

21. **你最喜欢的职业是什么？**
    作家。

22. **你使用过的最多的单词或者词语是什么？**
    "我觉得"。

23. **你这一生中最爱的人或东西是什么？**
    自由。

24. **你最后悔的事情是什么？**
    没有。

25. **如果你可以改变你家庭的一件事，那会是什么？**
    更多的团聚。

26. **你希望以什么样的方式死去？**
    流动的水上。

27. 人生中你最感激的是谁？
孩子。

28. 还在世的人中，你最钦佩的是谁？
没有一个具体的人，也可以说是很多优秀的人。

29. 你最喜欢女性身上的什么品质？
善良、独立。

30. 你最喜欢男性身上的什么品质？
责任。

31. 你觉得哪一个年龄段是人生最好的阶段？
当下。

32. 当钱不是问题时，你最想要过的理想生活是怎样的？
支持更多人实现自己的理想。

33. 除了工作，你最大的爱好是什么？
艺术、旅行。

34. 你的人生是否依然有梦想？这个梦想是什么？
没有具体的，但希望终身学习。

35. 一生中你有没有不变的信条或者座右铭？
真实、真诚、有趣。

36. 在你面前，未来是一幅怎样的图景？
未来不可知，珍惜当下。

后 记

　　在《时代纪录 3》的篇章中，我们不再追寻年度主题，而是选择沉浸于每一个人物的故事与图景之中，伴随他们，感受时光的纹理和温度。这本书，更似一部静逸的时代纪实电影，用文字和影像为这个年代定格。因此，"时代纪录"或许本身就是最为合适的主题。

　　感谢上海九如城、宁夏中房、深石管理、深潜 Deep Dive 的支持，让我们得以坚持。

　　感谢吴晓波先生送给我们的这句话——"我们所有的努力，都在和遗忘对抗"，已经成为对我们工作的最佳诠释。

　　林书贤女士、陈佩伲女士和邱淼女士，对众多资料的精准整理，为这本书奠定了基础。感谢杨紫琳女士、李原霆先生、徐宗岳先生和龚新雅女士，你们的每一次付出，都使得这本书更加丰富多维。

　　东方出版中心的刘佩英女士、李琳女士和韦晨晔女士，感谢你们的努力，才让这本书得以呈现问世。

　　每一位出现在书中的人物，都值得我们尊敬和感谢，是你们的故事，给了我们创作的动力和灵感。

　　其他的感激，已深藏于书的每一个角落。《时代纪录》MOOK 第三辑出版之际，愿这些文字与影像，在时间的长河中留下一点火种。

　　期望当您翻开这本 MOOK，能与更好的自己产生一瞬美好的相遇。

时代纪录

2023 年 10 月 17 日

时代
纪录
③

特别鸣谢
Special Thanks

联合出品人

施宏俊

方 陆

谈义良

特别致谢

王 石